発達障害者は〈擬態〉する

抑圧と生存戦略のカモフラージュ

横道誠
Makoto Yokomichi

明石書店

はじめに

かつて知的障害のない自閉症は、アスペルガー症候群と呼ばれ、その特徴について精神科医のローナ・ウィングは社会性の障害、コミュニケーションの障害、想像力の障害という「三つ組の障害」という説明を与えました。うまく社交ができない、言語の運用や非言語の身振りなどが特異で、独特のこだわりがあり、他者の心のうちがわからない、という「症状」の組みあわせを意味しています（Wing 1981）。

二〇一三年に刊行された『精神疾患の診断・統計マニュアル』第五版（DSM－5、邦訳は二〇一四年）によって「アスペルガー症候群という病名は廃止され、自閉症もアスペルガー症候群を含むさまざまなサブタイプも「自閉スペクトラム症」という病名に統合されました。二〇二二年に刊行された同書第五版修正版（DSM－5－TR、邦訳は二〇二三年）でもそのままなのですが、ウィングが提唱した「三つ組」が知的障害のない自閉スペクトラム症者の中核特性だという見解を、多くの精神科医や心理士が根強く保持しています。

けれども近年になって、海外の自閉スペクトラム症研究で、ある種の患者が訴える生きづらさのうちに自閉スペクトラム症の特徴が表れているのに、その挙動からはそれがわかりにくい、自閉スペクトラム症がない「定型発達者」に見えるという事例が注目されるようになって、その人たちの挙動が「カモフラージュ」(camouflage)と呼ばれ、研究されるようになりました。カモフラージュには、人目につくと思われる自閉スペクトラム症由来の言動を隠す「仮面着用」(masking)と、自閉スペクトラム症由来の社会性・コミュニケーション・想像力の欠如として受けとめられるものを穴埋めする「代償」(compensating)があると指摘されています(Fombonbe 2020)。

「カモフラージュ」とは日本語にすれば「偽装」や「迷彩」のことです。ある種の動物たちが体の形や模様を生かして周囲の風景に溶けこんだり、場合によっては体の色や形を変えたりして危険を切りぬけることです。そのような演技を自閉スペクトラム症者は迫られているというわけです。このような「カモフラージュ」はどこまで自閉スペクトラム症者に特有なのでしょうか。たとえば、ある文化圏から別の文化圏に移住してきた場合、あるいは生活する地域や労働する環境を変更した場合、「郷に入っては郷に従え」の精神で、誰でも「カモフラージュ」するのではないでしょうか。

その考え方は必ずしもまちがいではないと思います。けれども自閉スペクトラム症者の場合は、そもそも第一次的な体験世界、つまり感覚や認知のあり方という点で定型発達者と大きなズレがあるために、その「カモフラージュ」がとりわけ注目に値することになります。サラ・バーギエラは、自閉スペクトラム症のカモフラージュがとくに女性の当事者に顕著だと強調しつつ、男性やノンバイナリー（男女とは異なる性別を自認する人）にも見られることに注意を促しています（バーギエラ 2023: 40）。しかし私は、カモフラージュは自閉スペクトラム症者だけではなく、発達障害者一般にも看取されると思うのです。注意欠如多動症（ＡＤＨＤ）や限局性学習症（ＳＬＤ）の当事者も固有性の高い体験世界を形成しているために、しばしばカモフラージュをしていると私は感じてきました。発達障害者としてのそれぞれの特異性に対して、当事者たちがどのような「カモフラージュ」をつうじて対応しているのかが本書でサンプル提示され、解説されていきます。

田宮裕子と田宮聡は、「カモフラージュをすることには、社会生活がスムーズになる、就職で有利になるといった利点もありますが、日常生活において絶え間なく自分の行動をコントロールしなければならない結果、心理的に疲れ切ってうつ病や不安症を発症したり、自己肯定感が低下したりするという欠点も指摘されています」と解説します（バーギエラ 2023: 45）。そのとおり、カモフラージュの本質とは、それが抑圧の結果であり、かつ生存戦略の発動でもあるということです。そのリアルな実態を提示していくことが本書の課題となります。

取材に協力してくれたほとんどの人は、筆者と以前から交流がある「発達界隈」の仲間です。「発達界隈」とは発達障害者、その家族、支援者、研究者などが集まるSNSのクラスターで、現実の人間関係がひもづいているため、コミュニティ的な要素もあります。向坂くじらさんのみ、「発達仲間」ではなくて、担当編集者の深澤孝之さんが「おもしろそうな人がいる」と教えてくれたんです。私は彼女の著書を二冊読んだ上で、その内容に感銘を受けつつ「ぜひとも」とインタビューをお願いしました。

発達界隈では、カモフラージュは「擬態」という名で広く知られてきました。海外の研究では自閉スペクトラム症のカモフラージュばかりが目立って注目されていますが、発達界隈では擬態は発達障害者に広く見られるものだと認知されています。私がすでに述べた考え方は、むしろ発達界隈の世界観と言って良いでしょう。それなのに、日本では発達障害者の専門家ですら、「カモフラージュ」を知らないことは稀ではなく、さらにはこれを知っている専門家であっても、発達界隈で「擬態」が周知のものだということを理解していないことは非常に多いのです。以上の事情を踏まえていただければ、なぜ私が本書を世に送りたいと思ったかは、充分に理解していただけるでしょう。

本書の構成は交互に進んでいきます。インタビューイーの語りが掲載され、ついで筆者による注釈が掲載され、今度は別のインタビューイーの語りが続き、また注釈といった具合です。

私による注釈は、私が本業でやっている「文学研究」の手法を応用したものと言えるはずです。それぞれの語りを「そういうふうに読みとけるんだ」「そういうふうに解釈することもできるんだ」と楽しんでいただけると幸いです。インタビューの掲載順は、インタビュイーの年齢順を反映することにしていて、若い人から年配の人へと順に配置されています。

私は発達界隈で「マコトさん」と呼ばれていて、インタビュイーの語りにはそのような呼び方で登場する箇所があります。以下に、登場する発達障害についてかんたんに説明しておきます。

◆発達障害……ＤＳＭ－５－ＴＲに記載されている正式な医学名は「神経発達症」です。

◆自閉スペクトラム症（ＡＳＤ）……特異なコミュニケーションや対人関係の様式、独特な感覚のあり方、強烈なこだわりなどを特徴とします。多くの当事者には聴覚情報処理障害（ＡＰＤ）が付随します。かつての自閉症、アスペルガー症候群、広汎性発達障害はＤＳＭ－５で「自閉スペクトラム症」に統合されました。「自閉症スペクトラム障害」というやや古い呼び方もあります。

◆注意欠如多動症（ＡＤＨＤ）……多動、衝動性、不注意などを特徴とします。以前は多動・衝動性優勢型、不注意優勢型、混合型などの下位カテゴリーがありました。多動・

衝動のないＡＤＨＤを「ＡＤＤ」（つまり注意欠如症）と呼んでいた時代もあります。ＤＳＭ－５で「注意欠如・多動症」と表記されていましたが、ＤＳＭ－５－ＴＲでは「注意欠如多動症」になりました（「・」の脱落）。「注意欠陥・多動性障害」というやや古い呼び方もあります。

◆限局性学習症（ＳＬＤ）……現在でも、かつて使われていた「学習障害」（ＬＤ）という名称のほうがよく知られています。書字障害、読字障害、算数障害などがあります。

◆発達性協調運動症（ＤＣＤ）……深刻な不器用や運動音痴のことです。

◆ほかに児童期発症流暢症（吃音症のこと）、トゥレット症（チック症が複合的かつ重篤になったもの）、知的発達症（いわゆる知的障害）なども医学的には「神経発達症」です。

発達障害者は〈擬態〉する◉目次

第1章

ふつうっぽさを出そうと「擬態」をしていましたが、「ふつうじゃなさ」が周囲に漏れていました。

――固体うさぎさんへのインタビュー

友だち作りに苦労した子ども時代

僕はＡＤＨＤを診断されています。二五歳の女の人です。医者によって、自閉スペクトラム症が入っていると言われたり、そうじゃなくって家庭環境の問題で自閉スペクトラム症みたいな二次障害が起きていると言われたりします。僕自身は、自閉スペクトラム症の特性がまったくないとは思っていないけど……。

父は会社の営業マンで転勤族。僕が三歳までは青森、小学三年生までは兵庫、高校三年生までは神奈川にいました。母は父の元同僚で、いわゆる寿退社をしたあと、主婦に専念しています。両親とも発達障害者っぽさを感じます。

二歳下に弟がいて、子どもの頃に自閉スペクトラム症の傾向を指摘されたんですけど、いまは定型発達者として働いています。弟は父から「甲子園に行くか、東大に入るかだ」と言われて厳しく育てられ、ほんとうに東大に入学しました。そういう家庭なんです。娘の僕のほうは逆に母との関係に病理があったと思っています。

幼稚園の頃から、僕も勉強がよくできました。文字を読むのも、言葉を話すのも早かったです。いつもクラスの中心にいて、リーダーを務めていたけど、個人レベルだと人間関係が作れない。ひとりでずっと外を見ていたのを覚えています。ほかに自閉スペクトラム症の特性としては、階段を見つけたらしきりに登り降りを繰りかえしていたことでしょうか。ADHDのほうは、すぐに母の手をふりほどいて飛びだしていったことですね。母との関係が密で、大好きな時期と大嫌いな時期とが両極端でした。

じぶんの家庭がいわゆる「機能不全家族」だったかと尋ねられると、崩壊して悲惨きわまる家庭だったとは言いがたいと思います。でも、もっと円満な家族の話を聞いていると、世の中にはそんなところもあるのか、と驚いてしまうんです。そんなあたりですね……。母はいわゆる育児ノイローゼの人で、じぶんに似ているという弟を溺愛していました。

小学生のときは、めちゃくちゃ成績が良かったわけではないですが、コメント欄では先生にいつも褒めてもらっていました。「擬態」とまではいきませんが、「こう言ったら先生が喜ぶだろうな」という発言を心がけていました。家のなかでは何を言ってもやっても怒られつづけていたので、「擬態」のしようもありませんでした。

好きな科目は体育と音楽でした。体育は球技だけできなかったです。ピアノは三歳から小六まで習っていました。バレエは三歳から小三まで。バレエをやめたあとは、小四から中学受験でやめるまで、新体操をやりました。五、六年生のときはクラブで陶芸を選びました。あとは暇さえあれば読書という感じ。上橋菜穂子さんの『獣の奏者』とか、エミリー・ロッダさんの『デルトラ・クエスト』が好きでした。マンガ、アニメ、ゲームは禁止です。

兵庫にいた頃は、友だちがいなくはなかったけど、一対一だけで話せて、三人以上になると、まったく無理でした。みんなでどっかに行くとなると、ひとりでトボトボあとからついていくような子。小三で神奈川に引っ越したあとは、関西と関東で話し方がぜんぜん違うので、友だち作りに苦労しました。いまだに関東の人とうまく話せません。

五年生からナルコレプシーになって、どこでも寝てしまうようになりました。歩いていても、眠るんです。とても困りました。

ピアノのコンクールで、東日本で二位まで進んだことがありました。でも母から、そんなにレベルの高いコンクールじゃないから、全国大会には行かなくて良いと言われて、会場の東京は神奈川から近いのに、行けませんでした。

先輩に憧れて、高二で勉強に目覚める

中学受験の勉強をしましたが、字面《じづら》では理解できても、ほんとうに納得できないことは頭に入ってきませんでした。僕は理解できないと腹が立って、今度はそれに対して母が腹を立てて、大騒ぎでした。それでも発達障害の苦労と言えるものは、ほとんどなかったように思います。

受験は成功して、中高一貫の私立の女子高に入りました。「古き良き日本女性」を作るための学校です。マナー教育がしっかりしていて、フランス料理の食べ方なんかも学びました。このとき身につけたものは、いまでも役立っています。家庭科の時間が多くて、お裁縫をよくやらされました。僕は手先が不器用なので、いつも苦労していました。

「まともな子」がすごく多い学校だった印象があります。発達障害的な雰囲気の子を思いだそうとしても、誰もいなかったような気がするくらいです。僕は「正しい女子中学生」を演じようとして、ふつうっぽさを出そうと「擬態」をしていましたが、「ふつうじゃなさ」が周囲に漏れてしまっていました。自閉スペクトラム症の子によくあることだけど、文字をそのまま読みあげているようなしゃべり方をしていました。でも女子高の女子って、よく言われるように「いかにも女子！」ではない人たちなので、僕もかなり自由に振るまっていた気がします。ふつうに人間としての付きあいができる、という面がありました。

学校は片道一時間半かかるところで、かなりつらく、ナルコレプシーだけではなくて、中学三年生のときには鬱状態が始まりました。生物は好きだったけど、五教科の総合点は最下位クラスです。数学なんかは正真正銘、最下位だったこともあります。体育くらいしか楽しみがありませんでした。ノートをちゃんと取れていない、提出物を出せない、いつも忘れ物をしている、ということでよく叱られました。

部活はオーケストラでした。受験のときにピアノをやめてしまったから、なにか楽器をやりたかったんです。部活紹介の演奏を聞いて、いいなと思いました。クラブは中高合同で五学年が揃っていました。くじ引きでトランペットをやることになって、それからずっとトランペットを続けました。

読書の趣味が続いていて、ちょっと昔の小説、三島由紀夫とか川端康成を読めるだけすべて読みました。カラーが違いますが、先生がおもしろいと勧めてくれたので、大沢在昌の『新宿鮫』シリーズも、雑誌だけに収録されていた作品なんかも含めて読破しました。登場人物の感情の機微をわからずに読んでいたと思います。描写の言葉遣いそのものが好きだったんです。僕は文字を読むこと自体がとても好きですし、ほかの人の人生を覗いているみたいで、とても楽しかったです。日本人が書いた本が好きで、翻訳だと言葉遣いが不自然なことも多いから、あまり好みません。

エスカレーター式で高校にあがりました。建物も先生も部活も一緒。高校でも趣味は変わらず、楽器を吹いているか、本を読んでいるかという感じです。

クラブでは、同級生がみんな崇《あが》めていた一歳上の先輩に憧れました。指揮者だったのですが、その人が棒を振ると、じぶんで練習しても出なかった音が出るんです。文学なんかも好きで、料理も裁縫もできる人。ほんとうにすてきでした。いまはお医者さんになっています。

その先輩が好んでいるということで、川上弘美、山田詠美、長野まゆみなんかの女性作家の作品をよく読みました。その先輩みたいに勉強ができるようになりたいと思って、高校二年生のときに勉強に目覚めました。先輩から古文でメールが送られてくるので、僕も古文で返すようにがんばりました。

授業を聞いてもわからないので、じぶんで参考書を買って勉強することにしました。それで、授業の内容が聞こえていないことがわかったんです。授業中は内職をして、参考書を読むことにしました。一日一四時間も勉強しました。ひたすら参考書と問題集の往復をしました。高校二年生のときに塾に通いはじめて、英語だけ習いました。三年生のときには、物理と数学も習いました。

高校時代、とくに目立ったイベントはなかったですね。発達障害の大失敗もなかったです。でも歩きながら眠るので、駅の階段から落ちかけたり、プラットホームから転落しかけたりはよくありました。一度はほんとうに線路に落ちて、助けだしてもらいました。

大学七年生になって初めて支援を受ける

西日本で最難関と言われる国立大学の理学部に受かって、京都に来ました。親から、家元を離れて一人暮らしするなら、その大学しか認めないと言われていたので、がんばりました。もともと心理学をやりたかったんですけど、親から就職がないからダメと言われ、つぎに興味があったのが、宇宙の物事がなぜそうなるのかを知りたいということ、自然界の原理を知りたいということで、理学部を選びました。親は文系なので、理系のことがわからず、心理学よりも就職がないことを知らなかったんですね。僕は就職のことをまったく考えてなくて、就職したあとになって、現在の同僚から「大学や学部というのは、どういうところに就職したいかで決めるもの」と指摘されて、「あっ、そうなんだ」と理解しました。

受験勉強をしすぎて、人とのしゃべり方がわからず、大学二年までほとんど人間関係が作れませんでした。一年生のときからツイッター（現在の名称はX）を使うようになって、文字を読みたい欲をそれで満たすようになり、いわゆる「ツイ廃」（ツイッター廃人の略）になってしまいました。ツイッターが楽しいので、読書をすっかりしなくなり、もったいないとは思いつつ、現在に至っています。

授業では古い教科書を指定されることも多くて、そうしたら印刷で明朝体の文字が潰れていて、読みづらくて苦労しました。ＯＣＲで綺麗なフォントに変換することもできるのですが、数式が入ると、難しいとのことでした。相変わらず聞きとりができないので、授業の単位を取れずにたいへんでした。

鬱状態になって、二年生になると過呼吸を起こすようになり、日常生活を送れなくなりました。以前から、僕はおかしいなと思いつつ、放置してきたんです。親にバレたらたいへんだと思って、保険証なしに受診できる診療所が大学内にあったので、そこに通いました。それでＡＤＨＤの診断を受けました。しばらくすると、じぶんはやはり違うんじゃないかとも思いましたが、ツイッターで情報収集して、だんだん納得がいくようになりました。

鬱状態になった背景には、家庭環境の問題があったことは大きいと思います。一人暮らしをするようになって、親とは物理的に距離を置けているので、互いに正気を取りもどせるようになりました。でもほかにも理由があって、理学部の九割以上が男子学生だということです。男子が苦手という意識はないんですけど、ストーカーや盗撮が女子学生に集中しやすくなります。告白されたこともデートに誘われたこともないのに、ストーカーは何度も体験しました。

オーケストラ部に入って、トランペットを継続しました。いろんな場所の演奏会に行きました。金管楽器の担当は、発達障害の人が多くて、お互いに注意喚起をしながら遅刻しないようにしたりしました。そんな環境なので、「擬態」の必要はありませんでした。それから理学部が公認している自治会の部屋があって、のんびり過ごすのが好きでした。そこではじぶんの素《す》のままでいられて、やはり「擬態」しなくて良かったのが気楽でした。

三年生から物理学科を選びました。支援ルームに行きましたが、鬱が酷《ひど》くて通うことも難しくなり、ほぼ支援を受けられないままになりました。四年生のときに、障害者手帳を取得しました。父はいまでも僕が発達障害者だと認めてくれません。父は僕には鬱憤を直接ぶつけずに、母を責めて泣かせている、と母から聞いています。診療所から大学病院に移って、コンサータを服用するようになると、はっきり覚醒できるので、ナルコレプシーの問題をようやく解決できました。五年生から感覚過敏を防ぐために、サングラスを着用しています。六年生になって自動車免許を取りました。

鬱状態と低血圧に苦しみながら三年留年して、なんとかまた大学に通えるようになり、七年生になってから支援を受けました。ノートが取れないので、ノートテイカー（出席者のノートに板書の内容を転写してくれる人）が横に座ってくれたんです。授業でサングラスとノイズキャンセリングを着用することを認めてもらいました。課題を出すときには、黒板に書いてくれるとか、できれば授業メールで出すなど、視覚的に確認できるようにしてもらいました。

物理学のゼミ生だったんですけど、単位が足りなかったので、ほかの学科の科目を取らせてもらって、物理よりも神経生物の授業を多く履修していたくらいです。制度の自由度が高くて助かりました。化学寄りの物理を専攻して、「リチウムシリコン液体合金と密度濃度ゆらぎ」という題目で卒論を書きました。

生物学専攻で大学院に行こうかと考えましたが、修士号を取っても就職は限定的なようでした。でも三年留年して、親に援助を受けつづけていましたから、博士課程まで五年通うのは厳しいと思いました。休学中の六年生の秋に就活を始めましたが、もうインターンなどは終わっていたので、出遅れていました。僕の実生活を支えてくれるもののために働きたいと考え、キッチン家電メーカか家庭用医療機器のメーカーに就職しようと考えました。でも工学部出身じゃないから技術系として採用してもらえなくて、七年生の六月に自動車関連会社の人事部に就職が決まりました。

切り替えられずに、いつも無理に笑顔を作るように

それで卒業できたので、この四月（二〇二三年）から愛知に住んでいます。会社は世界的に有名な自動車関連会社ですけど、現在の日本人の大卒初任給の平均より二〇〇〇円だけ低いというデータを発見しました（笑）。人事部のスタッフは一〇〇人以上いて、同期だけで八人います。「室」の単位にわかれていて、それぞれ二五人くらい所属しています。僕のいる「室」にはふたつのグループがあって、三人チームです。ひとりは同じ職種の先輩で、もうひとりは先輩でも一般職のかたなので、僕がお仕事をお願いする立場、責任を持つ立場で

す。管理職向けのハラスメント教育や、職場教育のアンケート調査に関する仕事をして、いろんなデータを収集しています。先輩たちと昼に食事して、終業後はサーキットに行って走って、ストレス発散をやっています。来年は工場実習があって、夜勤ありで三ヶ月。不器用なのでうまくいかないだろうなと予想され、不安です。

職場で「擬態」は、めちゃくちゃやっています。すっかり読書をしなくなりましたが、かつての蓄積で語彙力があるのと、あと長らく音楽をやっていて音感があるので、音程を真似るのが得意だから、流暢《りゅうちょう》に話せます。それで発達障害者っぽく見られにくいと思います。やはり読書が好きだったからか、職場で「コンセンサス」とか「データベイスド」とかの業界言葉が使われるのが、なんとなく苦手で、話し方を相手に寄せつつも、じぶんの言葉に置きかえて話し、こっそり抵抗しています。そうすると、「ちゃんと理解して、じぶんの言葉に直してるんだね」と感心されることもありますが、いままで生きてきた場所と会話の論理が違うので、うまく意思疎通できていないと見なされることもあります。

小さい頃から、相手に求められる人間像を演じられる傾向がありました。でも発達障害の「擬態」を知るまでは、誰でもそうしていると思っていました。たとえば会社でしゃべるときと家でしゃべるときは、みんな違っていますよね。もちろん、無理をして演技を続けているという感覚はやはりあります。高校では「アルカイックスマイル（恬淡《てんたん》とした微妙な笑み）

か無表情の二択しかないよね」って指摘されましたが、いまでもプライベートでは変わっていません。人と円滑にコミュニケーションを取るには、笑うのがふつうと言われて、切り替えができないので、いつも無理に笑っている人になってきました。

僕はふだんちゃんと「私」って言っています。男になりたいとは思わないけど、女だというとこにモヤモヤします。第二次性徴で体が変化するのもイヤでした。女性になることで対等に扱われなくなるのがつらかった。実生活では、中学一年生から「僕」をやめました。でもツイッターとかじぶんを飾らないで良い場所では「僕」を使います。

これまでの人生で、特別な親友も恋人もできたことはありません。でもそれなりの人間関係はいつもあります。いまは実家に帰省していて、数日前も東京に遊びに来た大学時代の同級生と会ってきたところです。

固体うさぎさんに関する注釈

固体うさぎさんと初めて会ったとき、彼女はサングラスをかけていた。自閉スペクトラム症の人がいわゆる「感覚過敏」のためにサングラスや色メガネをかけることがあるとはいえ、誰でもそうというわけではない。そこで私は、この人はかなり「自閉度」の高い人だなと判断した。固体うさぎさんも言うとおり、なにかを読みあげるかのようなしゃべり方も典型的な自閉スペクトラム症的特性だと感じられた。

そのあと、固体うさぎさんの素顔を初めて見る機会があったけれど、無表情に近く、眼球もほとんど動かず、視線が合うことは少なかった。それで私はますます彼女の「自閉度」を感じた。そのような顔つきは、自閉スペクトラム症に典型的なものだと思ったからだ。

固体うさぎさんが、正式に診断を受けたのはＡＤＨＤだけだと言ったときには、「私と同じパターンだな」と想像した。私も最初はＡＤＨＤと診断されたのだが、のちに自閉スペクトラム症が中心でＡＤＨＤが併発されているという診断に変わった。固体うさぎさんは、自身が語るように読書家だったことに加え、音感も鋭いために能弁で、語りの内容からは「自閉」の印象を受けない。しかし、それは自閉スペクトラム症の「こだわり」が言語や音楽に向かった結果なのだ、と思った。私自身がそうだから、同じタイプだと感じたわけだ。

そのようなわけなので、固体うさぎさんが家庭環境の問題によって、自閉スペクトラム症状の二次障害が出ているだけだと主治医が言っている、と語ったときにはちょっと驚いて、「ほんとうにそうだろうか？」と訝《いぶか》しんだ。じつはこの点でも私とは事情が似ているところがある。というのも、私はカルト宗教の家に育った「宗教2世」なので、成育過程で心に深い傷を負っているのだ。これは「発達性トラウマ障害」とか「複雑性PTSD」と呼ばれ——いずれも正式な精神疾患としては部分的にしか認められていない——、私はこれが二次障害としてじぶんに発生したと考えている。それと同じように、固体うさぎさんも自閉スペクトラム症とADHDが併発した状態で生まれてきて、二次障害として発達性トラウマ障害あるいは複雑性PTSDが併発したのだろうと推測するようになった。固体うさぎさんと母親との関係は、母娘間で頻繁に起こる緊張関係をよく示している。

私は精神科医や心理士ではないから、以上の見立ては当事者仲間（あるいは患者仲間）の想像として考えていただくのが正しい。加えていえば、大学の授業で古い印刷を読みとるのが難しかったという逸話は、限局性学習症の読字障害が軽く発生していることを意味しているだろう。

固体うさぎさんは不眠障害で苦しんできたけれども、ADHDにはこの問題がよく付随する。不眠障害によってADHD状の症状が発生する事例もある、という研究だってある。コンサータを服用することで、ナルコレプシーが解消されたと聞いて、非常に安心した。ふだん彼女はXで車の運転に関する投稿を多くしているから、ひそかに心配していたのだ。それにしても、手先が極端に不器用というのは、発達性協調運動症が併発していることを窺わせるが、それでいて楽器を巧みに演奏でき、球技以外の体育が得意というのは、発達障害の多様性そのもので、おもしろく感じる。球技が苦手というのは、自閉スペクトラム症のよく知られた特性だ。

同じ読書家として興味深かったのは、固体うさぎさんが登場人物の感情の機微をわからないまま、文字を追う喜びに押されて多読していたという点だ。私は自閉スペクトラム症として、周囲の人間の言動を謎だらけと感じ、その言語的説明を得て、「ふつうの人たち」の感情や思考の回路を把握できるようになるために多読していた。また翻訳では言葉遣いが不自然なことも多いから、あまり好まないという感受性は私と正反対だ。私はまさにその不自然さも感じさせるゆえに、じぶんの自閉スペクトラム症的言語様態との親近性を感じて、日本人が書いた文章よりも外国語の翻訳、あるいは外国の文学、思想、文化に影響を受けた書き手の文章を偏愛してきた。

数学で学年最下位の成績になったことがあるという逸話は意外すぎた。旧帝大系の大学で物理学を専攻しているのを知っていたので、数学に関しては天才的な才能を誇っているのだという予断があった。私も高校生のときに数学で0点を二回も取ったことがある。しかし固体うさぎさんの場合は、学習面での難点とは自閉スペクトラム症に頻発する聴覚情報処理障害（APD）だったみたいだ。授業中に参考書での内職を進めることによって、つまり視覚情報からのみ吸収することによって、国内最難関級の理学部への入学を果たしてしまう。私には限局性学習症の算数障害があって（と自己診断していて）、数学をなんとかすることはついに不可能なままだった。

それにしてもオーケストラというのは、当然ながらクラシック音楽を演奏する分野、つまり現在ではけっして大々的な人気を博しているとは言えない音楽を演奏する分野なので、自閉スペクトラム症者には相性が良いと推測する。自閉スペクトラム症があると、定型発達者の文化には同調しづらく、その一環として同時代の一般的流行などに冷淡になりがちだ。そのオーケストラ部での女性の先輩との交流は、まるで今野緒雪のライトノベル『マリア様がみてる』シリーズのようで、ドキドキしながら聞いた。二一世紀の女子高生たちが、古文を用いながらメールを交換している。そんな乙女時空がちゃんと実在していたのだ。

大学に入学後、鬱状態で苦しんだ時期があるといえ、そして七年がかりとはいえ、最後には合理的配慮を受けながら卒業できたという事実は、多くの発達障害者にとって希望の光となる。男性が圧倒的に多い環境下で、女子学生がストーカー行為や盗撮の被害者になりやすいという指摘は、理屈では容易に納得できることとはいえ、実際に報告を聞くと胸が痛む。外見のことを書くことに躊躇をする面もあるのだが、弁護として述べておくと、固体うさぎさんは客観的に見て顔立ちも整っているし、話し方もなめらかかつユーモラスなので、特別な親友も恋人もできたことがないというのは意外に思えた。こういうところも、発達障害者の人生として「あるある」なのかもしれないけれども。

固体うさぎさんは、日常生活では「僕」の一人称を封印し、無理に笑顔を作ってばかりの生活を送っている。「私」を使ったしゃべり方をやめ、無表情で暮らす生活に戻すべきだとは思わないにせよ、もっと安楽な道はないのだろうか。眼の前に行きどまりのようなものを感じたときは、かつての習慣や趣味を復活させてみることが、基本的な手口だ。固体うさぎさんに対して、久しぶりにXを手放して、改めて読書に耽《ふけ》ってみてはどうだろうか、と提案してみたくなるものの、これは押しつけがましいアドバイスの響きを伴ってしまうだろうか。長い大学生活と社会人としての経験を経て、文学作品のうちに理解できる内容は格段に広がり、深まっているはずだ。そこから得たものが、ブレイクスルーになる可能性だってきっとあるのではないか。

第2章

僕の問題は書字障害で、文字が頭に浮かんで来ないんです。

――Tenさんへのインタビュー

小学生で窓から飛びおりて自殺をはかる

僕はいま二五歳で、ＬＤ（学習障害。「限局性学習症」の旧称）とＡＤＨＤを診断されていま す。ＡＳＤ（自閉スペクトラム症）の傾向もあるんですけど、診断をくだすほどじゃないそうです。大阪府下で生まれ育って、いまも同じ地域に住んでいます。

「擬態」というのが、無理に健常者の人に合わせようとするってこと、健常者のふりをするってことなら、それに苦労した思い出は多いです。中心的な問題は読字障害と、それ以上に書字障害で、文字が頭に浮かんで来ないんです。高校生まで学校にスマートフォンを持ちこんではいけなかったですから、漢字を書かなければいけないときは、教室をあちこち歩いて、どこかに「これだ！」という漢字がないかって、至るところを探したこともあります。

保育園の頃で、覚えていることはほとんどありません。親の話だと、苦手なおやつが出てきたときに、食べたくなくて、むりやり隣の子に押しつけようとしたことがあったそうです。その頃から文字に関心を向けないことが指摘されて、療育施設みたいなところに通っていました。

小学校に入ってすぐくらいにＬＤの診断がついたようですが、僕は知らされていませんでしたね。入った学校には支援級（特別支援学級）がなかったんですが、特別支援の役割を与えられた先生はいて、定期的に面談をしてくれたり、授業中のサポートもありました。どんなサポートだったかは覚えてないですけど。認識できる文字がまわりの子らよりも少なくて、困ってました。

支援級のある教室がある学校に通ったほうがいいってことになって、三年生にあがるタイミングで隣町の学校に転校しました。支援級での授業と普通級の授業を行ったり来たりでした。ひらがなも読めないし、周囲とのコミュニケーションがうまくいかないことが多かった。

それである日の休み時間、いつもみたいにいじめを受けていて、思いあまって窓から飛びおりて自殺しようとしました。見回りに来ていた先生に止められて、死ねませんでした。学校から家に連絡が行って、母親が「いつ言おうかと悩んでいたけど、この機会に」ということで、ＬＤのことを教えてくれました。

まわりと同じから「一部だけがんばればいい」に

それから、文字を読み書きしづらいという困りごとで、あんまり悩まなくなりましたね。三年生のそのときまで、まわりと比べて、じぶんだけなぜみんなと違うのか、わからなかったんですよ。理由がわかんないまま、支援級に通ってた。よくわかんないけど、まわりについていかないといけないって言われて、「擬態」しようとして、できなくて。いじめに遭っていても、おとなをどう頼ったらいいかもわからなかった。

でも四年生からは、じぶんの問題がどこにあるのかって、わかっている状態になりました。みんなとの違いもだんだん冷静に受けとめられるようになりましたし。良い先生たちがいて、ちゃんと受けいれてもらえていたので、助けてもらえるという安心感があって、先生たちにSOSを出せるようもなりました。まわりと同じようになろうとしていたけど、「一部だけがんばればいい」って考えが変わりました。

その頃から、読書が好きになったんですね。とくにマンガの偉人伝です。ディズニーとか、エジソンとか。いちばん好きなのは豊臣秀吉でした。読み飛ばしをすることが多く、何度も何度も同じ本を読んで、読むたびに新しいことを知る気分になりました。それに子ども向けの本って、読みやすい書体とサイズで書いてありますよね。学校のプリントでは、画数が多い漢字だと、黒い点にしか見えないことが多かったんですよ。社会科で歴史が出題範囲だと、九〇点以上取れました。僕には算数障害もちょっとあって、グラフが読めなかったので、それで一〇〇点にはなりませんでした。

良い先生に恵まれた中高時代

中学でも良い先生たちに恵まれました。英語と数学だけ支援級に通っていて、ほかの科目は普通級でした。でも「じぶんもほかの人と同じように普通級で授業を受けたいな」って、支援級で勉強するのがイヤだと感じるようになったんです。

数学の先生は僕だけじゃなくて全員、授業の板書をしたノートを提出しなければいけないっていうそれまでのルールを、廃止にしてくれました。代わりに「自学自習ノート」っていうのを使って、数学についてじぶん独自の課題を探究して、その結果を提出しなさいって言われました。僕は、数学の問題をめちゃくちゃがんばって書きうつして、普通級の先生のところに持っていって、「ちゃんと普通級で勉強できます」ってアピールしたんです。そしたら、ほんとうに普通級に移れるようになりました。英語でも同じようなアピールをして、普通級に変わりました。

でも当時のルールで、数学の授業では隣にサポートがつくという形になりました。板書が間に合わなかったら、友だちのノートをコピーさせてもらって、ゆっくり書き写して良いというふうにも、してもらいました。試験前には、ポイントを指定してくれて、ありがたかったです。それで少なくとも三〇点や四〇点は取れました。

部活は、陸上部の短距離一〇〇メートル走をやって、がんばってもいましたが、それ以上に本を読むのが好きでした。学校の目の前に図書館があって、学校の帰りしなに寄って、閉館時間までずっといました。親から「いったん家に帰ってから、行け！」って怒られたのを覚えています。読んだ本は、やっぱり歴史系が多かったですね。ちっさい字の小説は読みとばしが多かったんですけど、万城目学《まきめまなぶ》の『プリンセス・トヨトミ』みたいな歴史フィクションをよく読んでました。あとは『三国志』とか。

僕は同じ本やマンガを何度も読むタイプで、読みかえすと、最初は理解できなかった文字が、二回目、三回目で初めて目に入ってきたりするんですね。読みとばしてしまうところが多いから、読みかえしても新鮮なんです。

弟はゲームをよくやったりしてたけど、僕はすぐに飽きる感じでした。ポケモンとかが流《は》行《や》っていましたが、ＲＰＧみたいにシナリオに沿って進めていくゲームが苦手で。でもマリオカートみたく、ただ車を走らせるとか、マインクラフトみたく、物作りをするとか、筋書きがなくてじぶんで勝手に何かをしていくっていうゲームは楽しかったです。

同級生に障害のことを初めて打ち明ける

工業高校の普通科に進学しました。三年間ずっと、担任は同じ国語の先生でした。フランスからの帰国子女を受けもった経験があるらしくて、読み書きに関する外国人への教育経験があったということで、僕のことをすごく理解してくれたんです。生徒はみんな漢字検定を受検しなければいけなかったので、僕は小学二年生のレベルのやつを受検してました。漢字を書く力は高校生でもそのくらいだったんです。

授業のプリントの紙がザラ半紙でなく、書体もゴシック体で、「これめっちゃ読めるやん！」って驚きました。中学までは紙がザラ半紙で、明朝体で印字されていて、さっきも言いましたけど、画数の多い漢字なんかは潰れた黒い点にしか見えなかった。勉強がはかどりましたが、歴史の先生は好きじゃなくて、ずっと得意だった歴史の授業が苦手になりました。

部活はロボット製作の部活をやったんですけど、部員はみんな工業科の子らで、普通科の生徒は僕しかいませんでした。普通科の子らとはうまくコミュニケーションできなかったけど、工業科の子らとは仲良くなれて、あまり「擬態」をする必要もなかった。一緒にボーリングに行ったり、カラオケに行ったりして、楽しかったです。ロボット製作っていうと、家に籠りがちな人が好きそうなイメージが広まっていますが、メカトロニクス部の部員はアウトドアな人が多くて、つきあいやすかったですね。

ほとんど部活のために学校行ってたって感じです。ロボカップジュニアという選手権があって、一九歳以下の子どもを対象とした自律式ロボットによる世界的競技会。レスキュー部門っていうのがあって、決まった線に沿ってロボットが移動する「レスキューライン」と迷路のなかを進んでいく「レスキューメイズ」にわかれています。ぼくたちはレスキューラインに登録しました。白い敷地があって、白いけど「レッドゾーン」っていいます。その一部にボールがあって、「被災者」役。これを救いだすことができたらクリアというレースです。ロボットの動きの正確性や速度を得点化して競うんです。

一チームの人数は三人、五人などもありますが、僕はふたりチームを組んでいました。僕は設計、外観のデザイン、プレゼン用ポスターの作成を担当して、もうひとりがプログラミングと電子基盤の作成をやりました。ADHDの特性だと思いますが、出場直前にアイデアが湧いてきて、ロボットを分解して作りなおそうとしたりして、迷惑をかけたことがあります。でもロボットのプレゼンポスターは、三年間ずっと優秀賞を受賞させてもらえました。

相手とは高一の二学期くらいから組んでいたんですが、高三の終わりになって、障害のことを打ちあけたんです。そしたら「なんでもっと早く言ってくれへんかったん?」って言われて。それまで発達障害のこと、先生に言うことはできても、同級生に言うことは一度もできなかったんです。それを初めて言えたっていうのは、転機になりました。

部活の顧問の先生に、大学受験のAO入試に使えるからって教えてもらって、在学中に視覚障害者支援の資格を取りました。でも僕には左右盲（左右に対する判断が弱い感覚状態）もあるんですね。ペアを組んで、片方がアイマスクをつけて非支援者の役になって、もうひとりが支援者役になって、介助の練習をするんですけど、電柱が近づいてくるとき、「右によけて」って言うべきとき、「左によけて」って言ってしまって、電柱にぶつけさせてしまったことがあります。じぶんは左利きで、腕時計をつけてるのは右、つけてないのが左だって覚え方をしてるんですけど、その日はつけるのを忘れていて。申し訳なかったです。

手書きが難しいという申請書が手書きって何やねん

大学は予定どおりＡＯで入れて、医療と工学と情報を学べる学科でした。医療工学を学んで、臨床工学技士の国家資格を取れます。就職先は医療機器メーカーなんかが多いようですね。

先生によってちゃんと合理的配慮をしてくれない人もいましたが、高校までと違って、授業にスマートフォンを持ちこんでいいようになったから、黒板を撮影してもいいのは助かりました。撮るのが認められていない授業では、友だちのノートをコピーさせてもらって、あとから写しました。

意味がわからなかったのは、手書きが難しいという申請書を出すときで、その合理的配慮の申請書が手書きじゃないといけないというんですよ（笑）。わけわかんないでしょう？　担当者が見本を作ってくれたので、それを必死に書きうつすことで、なんとか提出できました。

大学生になると授業に行けない、試験の日も忘れるということが何度もありました。ああ、これがＡＤＨＤなのかって、納得しました。じつは中学のときに「きみＡＤＨＤやで」って診断を受けてたんですけど、「多動」っていうのを文字どおりに受けとめてしまって、僕は教室でもわりと静かに座っていられるほうだったんで、「ほんとにＡＤＨＤかな？」って思ってたんですね。でもＡＤＨＤには、頭のなかがわーっとぐしゃぐしゃになりやすいっていうのも含まれるんだって、ようやくわかりました。高校生までは、生活リズムがパターン化されてたからうまくいったけど、大学ではじぶんでスケジュールを組みますから、時間管理ができなくて途方に暮れたんです。

部活はやらずに、興味をもった授業について担当の教授に質問してたら、「じゃあ、うちのゼミに来なよ」って言われて、一年生のときからその先生の研究室で勉強させてもらえるようになりました。情報教育の研究室です。小学生にプログラミングをどう教えていくか、とかがテーマです。

僕がやったのは、論理回路というものを学んでもらう教材の制作です。電子回路には、たとえばAとBどちらかのスイッチを入れるだけで電気が通る「ｏｒ回路」、AとB両方のスイッチを入れないと電気が通らない「ａｎｄ回路」、スイッチを入れると電気が流れなくなる「ｎｏｔ回路」などの論理ゲートというものがあって、それを遊びながら学んでもらえる教材を作りました。具体的には、論理回路のマークをファンタジー風の「魔法石」にして、ライトを光らせるには、魔法石をどう置いたらいいかを考えてもらうシートで、子ども向けの学術イベントで、実際に遊んでもらいました。

ほかには、ひらがなを3Dプリンタで立体化させたブロックも作りました。ブロックにQRコードをつけて、それをスマートフォンやタブレットで読みこんだら、画面に書き順のアニメが出て、音声を発音してくれます。

アルバイトは、高校を卒業する間際から大学生の途中まで、放課後等デイサービスでもアルバイトをしてました。大学生になってからは、障害のある人のための外出支援の資格を取って、断続的にヘルパーとしてバイトしました。

ヘルパーのバイトのときには、手書きの報告書が必要だったので、まずはスマートフォンで文章を入力して、それを帰りの電車でゆっくり紙に書きうつしていました。社員から「もっと早く」「もっとていねいに」って叱られたので、障害があることを説明したら、「そういうのはちゃんと言ってくれよ」って受けいれてもらえて。涙が出てきて、うれし泣きをしたことを覚えています。

二〇歳で起業する

二〇歳で個人事業主としてLedesone（レデソン）を立ちあげました。最初の頃はいろんな障害のある人と、そうでない人が集まるイベントやワークショップを開催していましたが、活動するうちにサービスや商品の開発・改善に高齢者や障害者の声を初めから取り入れていく「インクルーシブデザイン」という手法があるのを知りました。それからは発達障害をはじめとする見えづらい特性や困りごとを持つ人の視点を活かしたインクルーシブデザインに取りくんでいます。

父親が自営業だったので、じぶんで会社を作って何かをすることに関して、ハードルを感じにくかったんかもなって思います。子どもの頃から、医療機器分野で何かやりたいなってずっと思ってたんですが、高校で視覚障害者支援の資格を取って、ヘルパーのバイトをしているうちに、関心は医療機器から障害福祉分野に変わりました。で、二〇歳になったら何か始めてみようと。

直接のきっかけは、起業を考えてる学生に向けたイベントに参加したことですね。そこで刺激を受けて。ADHDの衝動性かもしれないけど、バスの帰り道で、個人事業主から始めようと。開業届を作れるフリーソフトでさっそく書類を作って、コンビニで印刷して、税務署が閉まる一〇分前に提出しました。

就職活動は、ASD的かもしれませんが、みんなみたいに一〇社も二〇社も受ける、というのができなくて。「これだ！」と思う企業を絞りこんで、一社受けて、落ちたらつぎの一社という感じ。Ledesoneのイベントに参加してくれた人が、うちの会社で働きながら、副業としてLedesoneをやっては？と提案してくれて、飛びついたんですが、就職まえにその会社が倒産してしまって。

なんとか訪問営業の会社に入りましたが、代表の人にもADHDがあって、LDにも理解を示してくれました。ですから、「擬態」をしなくても良かったのはありがたいです。僕が入社するまで、手書き文化が強かったみたいですけど、手書きが必要なものをテンプレート化してくれて、ほかの社員も「このほうがずっとええやん！業務効率あがるやん」って喜んでくれて。でもコロナ禍のゴタゴタで、上司がすぐに変わったり、チームも変更になったりして、僕は鬱状態になって、結局三ヶ月で退社してしまいました。

それがいま（二〇二三年七月）から三年くらい前のことです。退社してからはLedesoneを合同会社として法人化して、それだけでは食えなかったんで、ヘルパーとしてバイトしていた会社で、またバイトに入らせてもらいました。二〇二一年には、とある短期大学で、情報の非常勤講師の募集があったので、半年だけ教員として働きました。でも上司の常勤教員のやり方が僕にぜんぜん合わなくて、やめることになりました。

その後、ヘルパーの仕事を一日フルのを週一、午前だけの週二でやって、残りの時間はLedesoneに費やしています。ファストフードの配達など単発アルバイトをやったこともあります。できれば将来はLedesone一本でやっていきたいけど、まだなかなかです。でも協賛してくれる企業もあって、過去にはマイクロソフトが二年間協賛してくれたんです。最近だと読字障害があっても読みやすいというので評判になったUDフォントのモリサワや、ソフトウェア開発会社のサイボウズが協賛してくれています。

僕の「擬態」は、なんといっても書字障害の問題が原因にありますね。そのつぎに深刻なのが読字障害です。ほかに算数障害とか、ADHDとか、自閉スペクトラム症の傾向とか、左右盲もありますけど、読み書きの問題が大きすぎるんです。逆に言えば、文字を書かなくても、キーボードで入力すれば良い環境が整うことで、「擬態」をしなくてもいい場合が増えていきましたね。

Tenさんに関する注釈

Tenさんにも自閉スペクトラム症の特性があるけれど、診断されるほどではないとのこと。私はそれをうらやましく感じてしまう。ADHDを診断されている点では、私と同じだ。Tenさんのなによりの問題は限局性学習症。重い書字障害と、それよりはましな読字障害があって、それらがTenさんの苦悩の中心を形成してきた。限局性学習症の一環として、軽い算数障害があるというけれども、これは私も同じだ。Tenさんは文字のイメージが頭に湧いてこないと語るが、私も算数や数学に関して単純な想像力しか湧かないので、それと同じような現象なのだろう。

左右盲があるという点でも、Tenさんと私は共通している。「左」と言われても、「箸を持つ方が右手なので、その反対だ」といちいち意識しないと、どちらが「左」かわからない。経験上、発達障害者には左右盲の人が多いような気がするけれども、正確なデータを私は持っていない。

幼い頃に苦労した記憶が少ないのは、周囲の子どもたちもみな国語力が未熟で、文字を認識し、活用できないことが、実質的な差異になりにくかったからだろうか。ひるがえって小学校時代、Tenさんが漢字を書くために、教室のなかの文字を探しまわったという逸話は、情景としてあざやかなこともあって、胸を打たれる。ロボット工学に通じた優秀な高校生が、小学二年生レベルの漢字検定に苦労して挑んでいる。当事者にとっては真剣きわまる事態とはいえ、世の中の人々の多くは能力の凸凹ぶりに驚くのではないか。Tenさんはマンガや小説を読むのが好きなのに、文字がしょっちゅう頭に入ってこない。しかし、それだけに読みかえすたびに新鮮でありがたいと語るのだから、人間の脳のおもしろさに対してゾクゾクと鳥肌が立ちそうになる。

私が学校に通っていた時代には、あるいは地域の違いかもしれないけれど、特別支援学級は「養護学級」と呼ばれていた。クラスメイトと遊んでいて、相手をバカにするときは「おまえヨウゴか!」と嘲《あざけ》るのが「いつものパターン」だった。養護学級に通っていた知的障害の子を露骨にいじめることは、多くの子どもたちが憚《はばか》る事柄であったものの、みんなで無言のまま養護学級の児童を忌避《きひ》しているのを感じた。私は実際にはその世界に近いところにいたはずなのに、得意な科目では学年でもトップレベルということで、「養護学校」をじぶんとは対極のものだと思おうとしていた。いまはひたすら、その時代のじぶんの「無自覚な差別意識」を恥ずかしいと感じてしまう。

　Ｔｅｎさんの話を聞いていて考えさせられるのは、障害とは何かという問題だ。障害を当事者の身体的器質の責任と見なす医学モデルに対して、特殊な身体的器質を有する当事者を障害者にしているのは、社会の至らなさの責任だという社会モデルがある。現在は、両方のモデルを掛けあわせたＩＣＦ（国際生活機能分類）モデルが支持を広げていて、障害の責任は、特殊な身体的気質と環境整備の噛みあわせの悪さにあると考えられている。Ｔｅｎさんの場合は、自学自習ノートや、外国人教育の経験を持つ教師の存在、スマートフォンなどによって環境が整備されることで、障害が消滅はしなくても、軽減されることになった。

　私にとっては、Ｔｅｎさんへの診断の告知も興味を掻《か》きたてるものだった。Ｔｅｎさんの母親はいつ本人に告知するかと悩んでいたとのことだが、Ｔｅｎさんが自殺に成功していたら、悔やんでも悔やみきれなかっただろう。告知はあやうく手遅れになるところだったわけで、もっと早くに告知しておいたほうが良かった、という結論になる。しかし親としては、早くに子どもに告知して、精神的な未熟さのゆえに処理能力を超えた衝撃を与えてしまい、それが絶望や自殺につながりでもしたら、と不安がるのは当然のことと言える。だからTｅｎさんの親に対して、子どもにもっと早く告知すべきだったのに、と非難するのは苛酷だと思う。

告知を受けたTｅｎさんが、じぶんの置かれた事情を把握して、もはや混乱しなくなり、行動の仕方がわかるようになったというのは、私自身の「診断体験」とまったく同じだ。Tｅｎさんはまわりと同じようになろうとしていた、つまり「擬態」をしようとして、できなくて苦しんでいたわけだけれど、ピンポイントでがんばればいいと考えが変わったというのも、私の診断以後の発想に等しい。もっとも私の場合は、診断を受けたのは四〇歳のときだったから、Tｅｎさんのように小学生の頃に診断を受けていられたら、どれだけ人生が変わっていただろうかと、うらやましくなる。発達障害が日本社会で広く認識されだしたのは私が二〇代の頃からで、学校時代には重度や中度の知的障害がなければ、発達障害の診断がおりなかった。私も小学生のときに診断されていたら、Tｅｎさんのように早くに起業して、さっさとじぶんの会社の社長になっていたかもしれない、と空想を誘われる。

Tｅｎさんの話で胸がつまる別の問題は、カミングアウト関連のことだ。高校の同級生やアルバイト先の社員にじぶんの問題を伝え、「擬態」のための仮面を外すのは、どれほど勇気を必要としただろうか。私の場合は、発達障害者だという意識がなかったから、真実を伏せようと自覚していた対象とは、宗教2世としてカルト宗教の家に育ったことと、中性的な身体感覚を持ち、バイセクシャルの傾向を持っていることだった。なにかの機会で、じぶんの「素性」がバレそうになるたびに、人類を滅ぼしたい気持ちが湧いてきたものだった。

Tenさんに、興味のあることにどこまでものめりこむ傾向があるのは、自閉スペクトラム症の特性が関係しているのだろう。マンガを楽しみながら歴史の勉強にのめりこんだのは、私も同じだった。学研や小学館や中央公論社の日本史マンガや世界史マンガはとても参考になった。ゲームの好みはかなり違っていて、私はRPG（ロールプレイングゲーム）が大好きで、とくに『ドラゴンクエスト』シリーズには夢中になった。しかし、ときどき主人公たちのレベルをあげたり、冒険を進めるための資金を溜めたり、仲間を増やしたりするために退屈なプロセスを反復しなければならないとき、「やらされてる感」にイライラしたことはあった。Tenさんはその不快さに敏感だったのだと思う。私も物作りをする『マインクラフト』型のゲームは好きだけれど、発達性協調運動症のせいで手先が不器用なので、工作に向いていない。工学系に進んだTenさんと、エンジニアの父を持ち、その仕事内容に惹かれながらも、じぶんには向いていないと諦めざるを得なかった私との顕著な違いだ。

ロボットコンテストの話は、あまりにもまぶしい。私は高校一年生のとき、仲間たちと「クイズ研究会」（クィ研）を作って、「クイズ王」や「雑学王」をめざしていた。当時はインターネットが普及を始める直前の時代で、グーグルもなければウィキペディアもSNSもない時代だから、クイズに強いとか、雑学の知識がすごいということは、——アカデミズムの聡明さとは別次元の知性だということは、すでに広く理解されていたものの——社会的に名誉なことだった。そのうち、めぼしいクイズ本をあらかた収集した私は、「クイ研」のなかで無敵の存在になったけれども、一年生から三年生まで参加した「全国高等学校クイズ選手権」では三年連続予選落ちに終わった。予選は一般的に雑学として好まれる知識では解けない難問奇問が出題されるから、ある意味では本選よりも突破しづらい。全国の猛者《もさ》たちが予選でバリバリ消えていく。私もそのひとりとして散った。

大学時代のことに関しては、元大学生としても、現大学教員としても、Tenさんの体験に学ばされる。私は自閉スペクトラム症の特性か、スケジュールがはっきりしていないと不安で仕方がないので、子どもの頃からじぶんをスケジュール管理するのに熱心だった。だから大学に入ったあとも、じきに一人暮らしを始めても、とくに困ったことはなかったけれど、ADHDがあると、まさにこの問題に足元をすくわれて休学や退学に至ったという話を「発達仲間」からよく耳にする。大学教員としては、合理的配慮に対応する側の人間だが、障害のある学生にほんとうに充分な支援を与えられているのか、自信はない。書字障害に対する配慮を申請するために手書きの書類を書かされた、という不親切（というかシュールレアリスティックな）仕組みも大学でよく見聞きするたぐいだ。

Tenさんがとくに興味のなかった視覚障害者支援の資格を取った結果、福祉の仕事に関心を持つようになったこと、発達障害者の支援に、ほかの種類の障害者に対する支援を参照するアイデアを得たことは、人生の綾《あや》そのものだろう。ここから私たちは、アメリカの教育心理学者ジョン・D・クランボルツが提唱した「計画的偶発性」理論の正しさを認めざるを得ない。人のキャリアのほとんどは偶然の連鎖によって決まると受けいれた上で、偶然の発生を起こしやすくするために積極的に行動する者が成功に近づく、という考え方だ。Tenさんの会社経営がうまくいくことを願ってやまない。

第3章

世間とどう
向きあったらいいのか、
最適解はわかっていません。

――向坂くじらさんへのインタビュー

入園した日に幼稚園の花壇の花をぜんぶ摘む

私はいま二九歳です。出身は名古屋で、途中から関東に移って、三年前に結婚してから埼玉に住んでいます。自閉スペクトラム症と注意欠如症（ＡＤＤ）を診断されてます。父も母も衝動性が強いのか、思い立ったらすぐに始めて、すぐに飽きちゃう感じです。弟はふつうの人です。

いわゆる発達界隈には入っていません。「擬態」というのは、ニュースで見て知ったくらいです。そういうものはあるだろうな、じぶんにもあったんだろうなとは思います。私は「発達障害者には見えないよ」「大丈夫じゃん」って言われます。でもそんなに平坦な人生でもない気がします。

実家がカトリックなので、幼稚園もカトリック系でした。入園した当日に幼稚園の花壇の花をぜんぶ摘んで、花束にして母に贈りました。園長先生が優しい人で、幼稚園は園児たちの個性を重んじているということで、私はぜんぜん怒られなかったって母が言ってました。園長先生は、その花束にリボンをかけてくれたほど。親からもそんなに叱られず、安全に育ちました。友だちとの関係では、ある子が蝶々を捕まえて、そのままにしていたから、「逃がしてあげないから」って絶交したことがありました。でもそんなに大きなトラブルがあった記憶はありません。絵本をたくさん読んだのを覚えていますね。それからピアノを習いはじめました。

どんな子とも仲良くしゃべるよね、と言われたものの

公立の小学校に入って、勉強はぜんぜんできなかったです。本を読むのが好きだったので、国語がよくできました。理科とか社会はそれなりにできたけど、算数はダメでした。授業が聞けなくて、頭に入ってこなかったんです。体育はとにかく苦手で、走るのはクラスでいちばん遅いあたり。鉄棒の逆上がりはできないままです。球技もダメでした。女の子が好きな大縄跳びもできない。音楽はわりと好きで、四年生から部活が始まって、トランペットを吹いていました。でもピアノは五年生まで続けてたんですが、反復練習ができなくて、サボってばかり。父親に「やりたくないんだったらやめる？」って言われて、そのままやめました。あと動物が大好きで、とくにオオアリクイやセンザンコウとかは形もかわいくて。それからコウモリとかカモノハシみたいに、系統的に浮いている感じがするのに惹かれましたね。じぶんに重ねてしまうのかも。

乱読傾向があって、とにかく物語をたくさん読みました。工藤直子さんの詩集『ともだち

は海のにおい』とか、新美南吉の童話『手袋を買いに』が好きでした。父が、著作権が切れた芥川龍之介とか、宮沢賢治とか、夏目漱石とかの作品を簡易製本した全集みたいなものを買ってきて、それを読んでました。賢治は「よだかの星」が好きでした。かわいそうなんですよね。図書室で本を読んでいて、時間を忘れてしまって、授業に戻らないことがありました。友だちのうちに行くと、その子の持ってる本ばかり読んで、その子にめちゃくちゃ怒られるとか、そんな感じです。だんだん物語とか詩を書くようになりました。工藤直子とか、宮沢賢治、それから金子みすずに影響を受けた詩。とくに動物をテーマにした詩を書いていました。

いつも忘れ物が激しくて、教室の隅にある忘れ物ボックスに集められている文房具を使って、誤魔化していました。それは擬態と言えるかもしれません。忘れ物をしてもなんとかなるって思ってました。宿題を出さなくても、怒られた記憶がありません。でも戦略的に擬態できるほどじぶんを客観視できていなかったっていう気がします。だから擬態してサバイブしていたっていう話を聞くたびに「へええ」って驚きます。じぶんがどういう立ち位置なのか、よくわからなかったです。どのグループの人とも仲良くしゃべるよねって言われて、「そんなもんかね」と不思議に思ってました。

学年があがっても、現実で恋愛に興味が湧いたり、読書内容で恋愛ものに目覚めたりしませんでした。私はバイセクシャルで、女の人も好きになります。友だちのお姉ちゃんのことが好きだったけど、それでも気になるくらいで特別な関係に発展したりはありませんでした。

学校のなかで失踪するのがマイブームだった中学時代

小六にあがるときに、名古屋から横浜に引っ越したんですが、そこでいじめに遭いました。女子グループから仲間外れにされたし、クラスで男女が対立していたので、男子からも嫌がらせをされていました。女子にいじわるされることが多かったけど、男子が怖いっていう思いが強くて、女子校の中学に進学することにしました。

学校は私立の中高一貫で、自宅から電車で少しかかるくらいの距離です。そこもカトリックで、典型的なお嬢様学校の校訓があって、行儀良く「女の子らしい女の子を」という校風でした。勉強のことは何にも覚えていません。国語は得意でしたが、とくに好きでもなかったです。

いじめられてるというほどではないけど、全体的に侮られている印象でした。仲がいい子はいるんだけど、クラスカーストは低い感じでした。カーストは部活を軸に決まっていて、高いのは体育会系と、合唱、管弦楽部、ダンスなどの文化会系でも「ステージ系」と呼ばれるもの。私はステージ系なのにカーストは低い演劇部に入りました。中高の五学年でやっていて、高二の文化祭が引退のタイミング。いちばん上の先輩にわりと好きな人がいたけど、引退してしまったあと、新しい脚本担当になった先輩の台本がつまんなくて、興味がなくなりました。一学年上にも好きな先輩がいたけど、どうでもよくなって、中三の途中でやめてしまいました。そのあとはずっと帰宅部です。

中学時代、イベントらしいイベントはなかったですね。あんまり覚えてもいません。教室に戻りたくなくて、よく保健室にいました。学校のなかで失踪することがじぶんのなかで流行っていて、屋上に行って下を覗いてたら、かけていたメガネが落ちて、それで屋上にいるのがバレました。自殺を考えていると誤解されたらしくて、先生たちが必死でやってきました。実際には死のうとしてなかったんですけど。一六人くらいが探しにきたような記憶があります。ちょっと人数を盛ってるかもしれませんね。いずれにしても大騒ぎでした。

浮いている女の子たちのグループにいて、オタク系だったので、そんなに興味がないボーイズラブをまわりに合わせて読んでました。アニメとかライトノベルもそんなに興味がないけど、読んでみて、ピンときませんでした。そんなことをしていたのも擬態かもしれないなと。実際の好みの本は星新一のショート・ショートとか遠藤周作の『沈黙』。あとは小川洋子さんとか川上未映子さんとか。外国文学は興味がなくて、日本のものばかり読んでました。

谷崎潤一郎の『痴人の愛』も覚えてます。

高校生になりましたが、あいかわらず本が好きで、梶井基次郎はたくさん読んで、川端康成、菊池寛も好きでしたね。あと大岡昇平の『野火』とか。ほかに趣味らしい趣味はなかったですね。暗い女子高生を主人公にした私小説を書いていました。恋愛経験とかはまったくなかったです。好きな女の子はいましたけど、振られるほどのイベントもなくて、なんとなくいいなと思ってるくらいでした。2ちゃんねるが好きだったけど、女嫌いの世界なので、男を装って書きこんだりしました。ツイッターが登場したら、わりとすぐに始めました。ミクシィは招待制だった時期に知って、友だちがいないから登録できませんでした。

高二になると保健室登校の延長で学校に行けなくなって、九月に家出をしました。でも家族には「家出するよ」と予告してやりました。前に住んでいた名古屋の友だちの家に泊めてもらって。家族ぐるみで仲が良かった子のところです。一週間くらいで親が迎えにきてくれて、帰りました。私がいろんなことができないことに関して、親はわりと寛容だったんですが、学校に行けないことに関しては否定的で、あまり理解してくれませんでした。それで揉めたことがよくあったのを覚えています。高校時代は擬態はぜんぜんできずじまいです。

興味がない人と話すのは時間の浪費と感じた

親が知りあいから紹介してもらった塾に通いはじめたのは、その頃です。学校の授業はぜんぜん耳に入ってこなかったんですけど、自習中心になったら、俄然できるようになりました。それで偏差値がぐんぐんあがりました。大学受験をして、東京の私立大学の頂点らへんのところに入りました。大学にも家から通いました。文学部に入らせてもらえて、親は「良い就職をしてほしい」とかは期待してなかったみたいです。二年生にあがるとき、国文学専攻を選びました。ゼミは四年生からで、「短歌を改行した際の表現効果」を卒論のテーマに選びました。研究対象にしたおもな歌人は石川啄木、釈迢空、岡井隆、笹公人さん。

サークル活動としては、大学一年のときにマジック・サークルに入って、ひとつ上の先輩と付きあうようになったんです。恋人ができて、そのほかに友だちもひとりできた途端、サークルには飽きてしまいました。多くの人に興味を持てないんですよね。たくさんの人によって構築されている関係性に興味が湧かなくって。嫌いってわけでもないけど、うまく認知できないというか。飲み会なんかでも、二、三人の気に入った人と話すほうが情報の密度が高いし、心地よいと感じます。興味がない人と話すのは時間の浪費と感じられてしまいます。

サークルのメンバーの女子会にも挑戦しました。大学一年生のときは、大学デビューというか、そういうのをちゃんとこなさなくてはというモードの時期で、がんばったんです。カフェに行って、ほかの子たちは、内装とかを指差して「かわいい」って言ったりしてるから、じぶんでも真似て、言うだけ言ってみるんですけど、合点はいっていないという感じです。そういう擬態に取りくんでいました。「やったことのないこと」「ふつうのこと」をやってみるってがんばって、ファッションに気をつけてみたり。長続きしませんでしたけど。

お蕎麦屋さんでアルバイトをしたんですけど、オープンキッチンみたいなところで、お客さんが見えるところで洗い物をしていて、お客さんが入ってきたら、一斉にいらっしゃいませって言わなくちゃならないんですね。でも私はすぐに気づけなくて、横の人が急に「いらっしゃいませ」って大声を出すから、ビクッとしてしまって、つらい。それで一週間でやめました。その一週間のあいだにまかないの天丼を3回食べられたのは良かったです。

そのあとは塾講師のバイトをするようになりました。最初は不登校の子を相手にする塾だったんですけど、みんなが見てる前で代表が教務の先生に怒鳴るのがイヤで、「ありえん」と思って、やめました。高校のときに通っていた塾の恩師に相談して、働かせてもらうようになりました。そちらはうまく行って、ずっと続きました。じぶんも通っていたところだから、雰囲気に合わせるのがかんたんでしたし、寺小屋形式で一対一の指導が多くて、クラスのような強い集団関係に巻きこまれないですんだので、それが良かったかな。

就活での擬態から自宅で私塾を開くまで

国語の先生になろうとしていたんですけど、教育実習の書類を出しわすれて、ダメになりました。就活のときは擬態しました。「ふつうの人」のふりをしなければって思ってました。塾の恩師から「社会性がいくらなんでもだから、修行してこい」って言われて、グリーフケアの普及とか実践をやってる一般社団法人を紹介されて、インターンに行ったんです。じつは大学一年生のときに自死をした友人がいて、その分野に関心が高まっていました。葬儀社を志望先のひとつに決めました。遺族と話をすることに価値を感じたんです。ほかには出版社の採用選考にも応募しました。

で、葬儀社に就職できることになったんです。四月までに運転免許を取らなければいけないって言われたんですけど、教習所をサボっているうちに、免許を取れないままになりました。会社からは、一度パートとして入ってほしい、免許を取ってから正社員に昇格させるって言われたんですけど、なんだか急にどうでも良くなって、その会社に就職するのをやめてしまいました。じつは大学三年生の頃から詩の朗読の活動を始めていて、それが大事になっていたので、もういいかなと思ったんですね。葬儀社は土日出勤があるので、詩の朗読ができなくなるんです。

土日が休みのところに入ろうと思ったんですけど、探しても既卒なので会社が見つからなくて。国語の教材を作る会社に応募して、一次試験が満点で、「満点は初めてだ」って言われたんですけど、面接に進んで落ちました。ほかにも、「うちの会社ってへんな人を取るんですよ」って言ってた会社で、「あなたほどへんな人は初めてですよ」って言われたのに、落ちました。

で、卒業から半年後くらいに大学院への進学を考えました。それも入試の日程を間違えて、受験できなくなりました。なんとか人材派遣会社に入ることができて、企業研修みたいなことはできるかもって思ったんですけど半年でクビになりました。知りあいを頼って、ツテでワークショップを作ってる会社に入りました。そこで三年半働いて、最近（二〇二二年）クビになりました。でもそのしばらく前から会社に副業を認めてもらっていて、国語を教える私塾を自宅で開くようになって、いまはそれが私のおもな収入源です。地域のフリースクールでも学習支援をしています。そちらは国語に限らず、英語なども教えてます。自宅の塾はずっと続くといいなと思ってます。

二〇二〇年に結婚しました。それから出版社が絡んでる「びーれびしろねこ社賞」というのがあって、受賞して出版権を得て、二〇二二年の七月に詩集『とても小さな理解のための』（しろねこ社）を出せました。その詩集を読んでくれた編集者が声をかけてくれて、エッセイをオンライン連載して、二〇二三年の八月に『夫婦間における愛の適温』（百万年書房）という本になりました。あまり未来への展望を持たないので、来るものを待つスタンスです。詩やエッセイのほかに書評とかを書く機会が増えているので、今後も続けていけたら良いなと思います。

発達障害に関しては、大学生の頃には「もしや」と思ってましたが、診断を受けたきっかけは二〇一九年に一社めをクビになったあとです。二社めではがんばるぞと思って、対処できるようになるために受診したんです。まわりからは「発達障害に見えないよ」って言われますけど、結局ミスが多いと言われ、二社めもクビになりました。なにかの機会に化粧をしたり、ハイヒールを履いたりして、無理をしているときには擬態をしていたと思います。でもそれはどちらかというと侮りに近くて、「そっちに合わせてやってる」というバカにした気分がありました。世間とどう向きあったらいいのか、最適解はわかっていません。

向坂くじらさんに関する注釈

向坂くじらさんにインタビューできることになったとき、「一応は（↑失礼！）「著名人枠」なので、じぶんにとって都合の悪いことはすべて伏せて、当たり障りのない逸話ばかり提供してくれるのではないか」との予断を持った。実際、幼年期の話はまだ穏当だけれど、それでも入園した日に花壇の花をすべて摘んだという衝撃的な原体験が語られる。不穏な印象は年齢があがるごとに高まっていき、「そんなこともあったのか」「そこまで話してくれるのか」という逸話が積みかさなり、人生の全体がカタストロフ的な相貌を見せてくる。向坂くじらさんから話を聞きつつ、興奮しきりだった。

少しの人と話すほうが情報の密度が高くて心地よい、興味がない人と話すのは時間の浪費だと感じると明言するところは、さすがの自閉度と言える。塾で一対一の指導が多くてやりやすかったという点にも、自閉スペクトラム症の特徴がよく現れている。なにより葬儀社を志望先に選んだ人を初めて知った。グリーフケアに興味があっても、遺族の当事者でなければ、たいていの人はボランティアなどで携わる道を選び、直接的にじぶんの仕事とはしないだろう。

授業中は授業の音声が耳に入ってこなかった、自習中心になったらわかるようになったというのは、固体うさぎさんの経験とまったく同様だ。子どもの頃から詩を読み、書くのを好んだということだが、思えば詩とはそれ自体がすぐれて自閉スペクトラム症的なジャンルではあるまいか。筆者は宮沢賢治を読むたびに、強烈な自閉度を感じてやまない。それにしても、小学生の頃から文学作品に触れることを第一の趣味とし、成長後、大学での専攻内容がそのままで、現在は詩人・作家として活動しているとは、向坂くじらさんの人生は、ある意味で、とてもコンパクトにまとまっているなあと感心する。すべての自閉スペクトラム症者がこのように生きられたら、幸せだ。筆者は研究者になりたいという小学校時代からの夢を叶えたものの、最初は自然科学者、そののちは歴史家を志望していたから、向坂くじらさんほど人生の「純度」が高くないと感じる。

向坂くじらさんが、ぱっと飽きてしまう現象が繰りかえし語られていた。ピアノ、演劇部、マジック・サークル、蕎麦屋のバイト、ひとつめの塾でのアルバイト、葬儀社への就職。就職先は二社ともクビになったとのことだから、そのような冷めやすい性質は周囲に伝わっていて、悪い影響を呼びこんでいるのもしれない。とはいえ、空気を読まずに思いのままに行動することは、向坂くじらさんの魅力を高めてもいる。小学生のとき、閉鎖的な女子グループの枠を超えて、どんな人とも仲良くしゃべると指摘されたものの、本人はピンと来なかったという逸話から、向坂くじらさんを「好きだ！」と感じる読者は多いだろう。

それにしても、動物への共感というのが、非常によくわかる。私もオオアリクイやセンザンコウが好きだ。大きな図体でペロペロ小さなアリを舐《な》めとったり、硬いものもしきりにバリバリと破壊したりする姿は、なんとなく自閉的な印象を与える。コウモリやカモノハシへの親近感もよくわかる。私は子どもの頃、「じぶんが知的生命体だということは明らかだけど、はたして地球人なのか？」としきりに謎に感じていた。その感覚が「所属カテゴリー不明」なものへの愛着を呼びおこす。

注意欠如症系の失敗も強烈だ。国語の先生になろうとしていたものの、教育実習の書類を出しわすれて、失格。大学院への進学を考えたものの、入試の日程を間違えて、失敗。小学生の頃、教室の端の忘れ物箱に助けられていたというのを聞いて、私もそうだったなと久しぶりに思いだしたけれど、キャリア形成の上では向坂くじらさんほど致命的な失敗を経た経験は、それほど多くないような気がする。

体育がとにかく苦手というのは、自閉スペクトラム症に頻繁に併発する発達性協調運動症だ。しかし音楽が得意だったというのは、固体うさぎさんに関してもそうだったけれど、私にはぴんと来ない。私は運動だけでなく音楽でも不器用、つまり音痴なのだ。おそらく音感と体の運動能力とはそれほど関係がないものなのだろう。向坂くじらさんはバイセクシャルだと語るが、私もこの点で同じだ。自閉スペクトラム症があると性的少数派の属性を伴いがちだという研究がいくつも出されているけれど、正確なことはわかっていない。文学作品に関する嗜好に関しても、固体うさぎさんと同じく向坂くじらさんは日本文学専門だった。私は外国文学の専門家で、それは「遠くに行きたい」「知らない世界に憧れる」という願望の結晶だと思っていたのだけれど、そんなに単純なものではないのかも、と思うようになった。

高校時代に自殺しようとしていると誤解されたという逸話は、苦笑いしながら聞いた。つい一年半くらい前に私は同じような騒動を起こしてしまったからだ。ドイツの首都ベルリンの街を歩いていて、街の外れに来てしまった。探していた場所に向かいたいのに、スマートフォンを海外対応にする手続きを忘れていて、地図を確認することができない。やおらパトカーがやってきて、職務質問が始まった。警官たちがどんどん集まってくる。私は道に迷ってアウトバーン（高速道路）に入っていこうとしてしまい、自殺を図ろうとしていると誤解されたのだった。身分証を出すように言われたものの、パスポートは宿泊しているホテルに置いてきたので、対応に難儀した。

向坂くじらさんは戦略的に「擬態」できるほどじぶんを客観視できていなかったと自己分析する。自閉スペクトラム症者によく指摘される「メタ認知」の脆弱性に関する問題だ。向坂くじらさんほど知能が高くても、「擬態」は難しいということを意味するのだろう。大学デビューを期して、サークルの女子会にも挑戦したという逸話を聴きながら、私も人生のいろんな場面でそういうふうな「擬態」を試みては、うまくいかないという思いばかり募らせてきたなと感じる。

向坂くじらさんが身を置いてきた環境は、必ずしも心地よい場所ばかりではなかった。むしろ、心地よくない場所が多かったという印象を受ける。クラスカーストに悩み、2ちゃんねるを楽しんでいても、攻撃されるのを避けるために男性ユーザーを装った。それでも、向坂さんが人生の全体にわたって叱られてばかり、という印象はなかった。両親の精神的ありようが健全だったからだろうか。

私は、あるいは「ゆとり世代」の教育方針が関係しているのかもしれない、と想像をめぐらせた。家族に「家出」を予告して実行したというくだりに微笑ましさを感じたからだ。しかし、機会を改めて向坂くじらさんに詳細を尋ねてみると、つぎのような返事をいただいた。

予告というのは、誤解を与えてしまいました。家出している途中になって「家出します。いま名古屋へ向かう新幹線のなかにいます」と後出し的に宣言をしたんです。それをご理解いただいた上で、横道さんに「微笑ましい」ということでOKかご確認いただけたら、と思います。とはいえ、どのみちへんに正直ですよね。微笑ましい気もします。

なるほど、そういうことだったのか。それでは「ゆとり教育」というよりは、ADDの不注意のほうの問題なのだろうと私は考えを改めた。向坂くじらさん自身も自覚しているとおり、いずれにしても微笑ましいことには変わりないとは思いつつ。

第4章

女性に擬態して、定型発達者に擬態して、日本人に擬態しようとしました。

――ジガさんへのインタビュー

幼稚園のときに「じぶんには孤独でいる自由がある」と主張

私は台湾で生まれて、いまは三〇歳です。自閉スペクトラム症と診断されています。誰が見ても女性に見えますが、女性として振るまえる気はしません。アセクシャル（無性愛）の自認があります。七年前に留学生として初めて日本に来て、五年前から就労ビザで日本に滞在しています。

両親とも台湾人で、父は母より二〇歳くらい年上です。父は能弁な人で、世間知らずだった母をうまく丸めこんで、結婚したのではないかと思います。母には私と同じく自閉スペクトラム症の特性があると感じます。父には発達障害と知的障害が併発している気がします。

父と母のあいだには、三歳上の姉と私が生まれました。ほかに父は、前妻とのあいだに一男一女をもうけていて、どちらも私より一〇歳以上年上です。私に物心がついた頃、そのふたりは独立して暮らしていたので、家族として生活を共にしたことはありません。親戚のあいだの感覚では、途中から母と姉と私が一族に加わったということになるわけで、私はなんだか邪魔者扱いされている気がしました。

これまで誰かと、友だちとして仲良くした経験がほとんどありません。幼稚園時代は、どこに行ってもついてこようとするお友だちにうんざりして、「じぶんには孤独でいる自由がある」と主張しました。変わった園児ですね。人生でずっと同じことを思っていて、日本に住むことができて、母国を離れたから、その孤独を満喫できています。

でも幼稚園の頃は、友だちよりも先生との関係に困っていました。変わってる子だったから、目をつけられたんです。ぜんざいをおかわりして、鍋がからっぽになったので、「もうぜんざいはまったくないよ！」と事実を言ったら、「どうしてそんな印象の悪い言い方をするの」と叱られ、おかわりしたぜんざいを没収されました。紺色の色鉛筆を見て、色の名前がうまく出てこなかったので、「紫」と言ったら、嫌がられました。教育用の大きな時計がよくわからなくて、長い針を無視して時間を言っていたら、注意を受けました。人情や常識を大事にしている人だったので、私は疎まれたみたいです。

母は私を露骨に「下の子」として扱っていて、純粋で穢れのない存在とイメージしたがっていました。無欲で、弱くて、じぶんの意思はない存在だって考えていたんです。逆に姉は妹の世話をする係、頼られる存在となることを過剰に期待されていて、私が失敗しても姉が叩かれて、「甘えるな！」と言われていました。母は他人の意思を理解できなくて、とくに家族はじぶんの思いどおりになって当然だと信じていました。

姉はかなりのストレスが溜まっていたのだと思いますが、レズビアンではないと思うのに、夜になると私にセクハラ行為をしていました。当時の実家で、夜になると母、私、姉は川の字になって寝てました。姉は母が寝落ちするのを待って、「胸触って、キスして」など要求してきました。当時の私は五、六歳くらいの年齢で、やっていいこととそうでないことの区別がわからず、姉の言いなりになっていました。でもしばらくすると引っ越して、セクハラは終わりました。姉は学校での環境が変わって、楽しいことがいろいろあるようになったのか、そちらでストレスを発散できたみたいです。

不完全なじぶんを許せなかった小学校時代

小学校にあがると、母は教育熱心で、がんばったぶんだけ報われるという意味のことわざ「一分耕耘一分收穫」（耕したのが一割なら、その一割だけ報われる）をよく口にしていました。そんな理屈は現実では通用しないから、いま思いだしても気持ち悪いと感じます。

でも私自身も優等生になろうと努力しました。私にとっての擬態とは、まずはそのことです。台湾には「搞自閉？」（自閉してんのか？）という罵倒表現があるんです。「じぶんはそんなんじゃない」と信じていて、「じぶんは悪くない、じぶんには問題がない。じぶんはふつうだ、それどころか優秀だ、不完全なじぶんを許してはいけない」と思いつめていました。そうやって、「ふつうの優等生」を擬態していました。じぶんのほんとうの気持ちは、私にもあまりわかりませんでした。私はからっぽの人間なんだと思います。じぶんの感情を検知しないように、じぶんでじぶんの心を麻痺《まひ》させていました。

擬態したのは、優等生だけではなく「ひょうきん者」もそうです。じぶんが「おもしろいやつ」「関わって損しない人間」だとアピールしていたんです。じぶんが発達障害者だと思ったことはありませんでした。台湾は成績さえ良ければ、ちょっとくらい変わっていても良しとされる学歴社会です。

小学校の勉強では算数が苦手でした。かんたんな計算には困らないのですが、数学的なイメージが湧かないんです。授業内容がわからなすぎて、「ふつうに母国語をしゃべってください」って思ってました（笑）。手先が不器用で、字が汚かったですね。母親は筆跡にこだわりの強い人で、私が書いた字を消しゴムで消して、書きなおしを求めてきました。美術の時間に提灯《ちょうちん》を作る課題が出たのですが、母が代わりに作って、先生にバレました。母は、そんなことを指摘する先生の態度がひどい、って不満そうでしたけど。

小学校高学年のとき、同級生が母に「ジガさんはサポートが必要なんです。学校でめっちゃくちゃ嫌われてるからです」って告げ口したことを覚えています。でも精神科に通院したことはありませんでした。姉には強迫性の行動が出たので、精神科に通ったみたいですけど。

公立中学に進学しましたが、勉強はよくできました。よく一緒にいる女子として同級生C

さんがいましたが、私を好きで一緒にいてくれるとは思えなかったです。私はクラスの女子ではいちばん成績がいいから、ほかの女子とつるむよりマシだと思ってるんだな、って感じていました。Cさんの家に行って、一緒に食事をすることになったとき、食べ方が下品だと指摘されたのがショックでした。うちでマナーの教育を受けていなかったので、音を立てて食べたり、食べ物にがっつくような感じだったんです。

この頃は姉との軋轢《あつれき》も高まりました。口論になって、姉に暴力を振るわれそうになったとき、ある部屋に逃げこんで鍵をかけたら、姉はロックを壊して入ってきました。姉は私より一〇センチくらい背が高いので、怖かった。

母はとても子どもっぽい人ですから、父とはよく子どもの前でじゃれあっていました。帰ってきたら、父と母がふたりで部屋にいて、「ジガちゃん！　助けて」っておどけた声で叫んでるんです。心配して助けに行くと、母は仰向けで、父が母の上に乗っかっている。まだ裸になっていないけど、性行為の前段階です。父に「何しているの？」と尋ねると、「ママと遊んでいるだけだよ」と答える。「そうなの」と言って退出すると、また母が「助けて、助けて」と騒ぎだすんです。こういうときは、母は姉でなく、いつも私を呼びました。

激しい競争を勝ちぬいて日本に留学

高校も公立でしたが、この頃がいままででいちばん楽しかった時代です。ゲイの友だちができて、書店で買ったBL（ボーイズラブ）の単行本を交換しあったり、ゲイのポルノ雑誌を見せてもらったりしました。興奮しましたし、共有の秘密を持つのが楽しかったです。台湾ですから日本のマンガやアニメはとても人気で、中学生の頃にはテレビで『NARUTO－ナルト－』を観ていて、高校時代にもどんどん日本に興味が湧きました。それで大学は国立で日本語科を選びました。子どもの頃から、ずっとピエロ的なキャラを演じていましたけど、大学でもそうでした。でも私は寮に住んでなくて、実家から大学に通うグループだったこともあって、友だちを作るのは難しいと感じました。一年生のとき、語学学習のペアが見つからず、ほかの余っていた女子とペアを組んだのですが、いま思うと私より自閉スペクトラム症の特性が強い人でした。まわりからふたり揃って笑われている気がして、つらかった。

それまでIT機器に触れたことはほとんどなかったのですが、大学生になってスマートフォンを持ちました。クラスメイトはフェイスブックを使って、授業の課題を分担していたので、私も輪に入ったのですが、うまくコミュニケーションが取れずに苦労しました。私がジタバタしているうちに、みんなに置いていかれる気分でした。

　大学には四年通って、それから日本に一年留学して、五年で卒業しました。激しい競争を勝ちぬいて、留学する権利を手に入れました。日本に来てから、ピエロ風の言動を手放すことができたのは良かったのですが、日本ではすぐにセクハラを経験しました。南米から留学してきた男子がいて、頭が良かったので惹かれました。彼にも自閉の傾向があって、あと言語性の知能が非常に高い人でした。一回くらいしゃべったあとのことですが、駅から寮に帰るために夜道を歩いていると、彼と出くわして、ふたりきりになったんです。するとその人は私の背中を触ってきたので、私は「セクハラだ！」って抗議したんです。相手は「それはあなた、グローバル意識がないんだよ。スキンシップはオキシトシンの分泌を促すんだよ」と逆ギレしたんです。その人は理系で、私はオキシトシンが何かわからなかったんですが、調べてみると、安心を促す脳内物質なんですね。

　台湾に戻ったあとは、日本が恋しくて鬱状態になりました。ユニクロで汚れが目立ちにくいように色付きの下着を買って、持って帰ったんですが、母は下着の汚れから体調がわかるように、純白の下着に変えなさいと言いました。姉からも「妹という生き物はなんてわがままなやつらなんだろう」とか「私は親孝行だから、もらったお年玉を親に渡していたのに、おまえは違う」とか言われて、実家がほんとうにいやでした。いまではＳＮＳで母親と姉をブロックしています。

私の脳は結婚に向いていない

就労ビザを取って、日本で働くようになれて、ほんとうに良かったです。四年くらい前にユーチューブを観ていると、オススメにADHDの動画が出てきたんです。「なんだろう?」と思って観てみると、その男性のユーチューバーが説明していた症状が、私の個性と同じなんです。それでびっくりしました。結局一年くらい前に精神科で発達障害の診断を受けました。主治医は少し話しただけで、「あなたアスペだねえ」と言っていました。

女性に擬態して、定型発達者に擬態して、日本に来てからは日本人に擬態しようとしました。最初は携帯ショップの販売員として働いたんですけど、有能な人物であろうとして、がんばりすぎました。化粧するのが嫌なんですけど、日本のほうが身だしなみに厳しいから、言われるとおりにチークを濃くしていましたが、顧客からセクハラをされたので、腹が立ってすっぴんで出勤するようになったり、ベリーショートにしたりしました。

「ちゃんと飲み会に参加しなくちゃ」と思って、参加したんですけど、「なぜ日本にきたんですか?」と聞かれて、私は「日本が大好きなんです」みたいに気の利いたことを言えません。「ひとり暮らしをしたかったからです」って正直に言ったら、みんな引いてしまって、「シーン」としてました。でも日本のいろんなものがほんとうに好きなんですよ。「好きな日本の食べ物はなんですか？」って聞かれたら、「豚汁です」って答えます。これもシーンとされますが、マコトさんは、「ほんものの日本通の外国人だ、って驚かれてるだけ」だって言ってくれましたよね。

人間らしい人間になるために、擬態を続けていますが、いま働いているＩＴ業界でコロナ禍をきっかけにテレワークになったんです。ＩＴ関係の能力は何も持っていないので、マネージメントをやっているんですが、「いつまでこんな奇跡が続くんだ？」って不安です。

私生活の展望について語るのは難しいです。結婚はおそらくできません。今のところアセクシャルと自認してるから、結婚相手に提供できるものがたぶんないんです。結婚に向いていない脳をしていると思います。頻繁にコミュニケーションをしなければいけないとか、スキンシップをしなければいけないとかが、非常に苦痛です。

とにかく、なるべく長く日本に住んでいられたらいいなって思ってます。実家との距離をできるだけ取っておくのが重要なんです。

ジガさんに関する注釈

ジガさんと話していると、外国人の女性なのに、私自身と精神の核心部分が重なっていると感じるときが多い。それがまさに「自閉」ということだ。幼稚園児の頃、友だちにうんざりして、「じぶんには孤独でいる自由がある」と主張したという逸話を私はじぶんの体験として錯覚しそうなほどだった。

「搞自閉?」という中国語の罵倒表現が興味深かった。私が子どものときによく耳にしたのは、Tenさんのインタビューについても書いた「おまえヨウゴか?」だが、大学院生の頃に発達障害者支援法ができて、発達障害が世間の話題になることが増え、アスペルガー症候群を略した「アスペ」や、その症状とされた「空気が読めない」を略した「KY」が罵倒表現として普及するようになった。しばらくまえに自宅の近くでバスに乗ろうとしたら、小学生たちが「おまえ障害者か?」「おまえこそ障害者やろ!」と怒鳴りあってるのを耳にしたから、どの場所でも、どの時代でも同じような差別があるということがわかる。

自閉スペクトラム症者に対して、他者の心がまったくわからないと極論されることが多いけれども、実際には「定型発達者が異質なのでわかりにくい」というだけのことで——当然ながら定型発達者も自閉スペクトラム症者の心はわかりにくいと感じる——じぶんに対する周囲の言動というのはいつも似通っているのだから、実際には「ああ、またか」と思い、そのパターンの分析から、背景にある心理のありようについて、容易に想像がつくようになってくる。だから、ジガさんが母と姉とじぶんが父の一族の新参者として邪険にされていたことや、幼稚園の先生に「園児はかわいい子たち」という幻想があって、じぶんがその幻想にとって異質だったから非難を受けたと（おそらく的確に）理解しているのは、なんら不思議ではない。

算数に関する想像力が貧弱で、手先が不器用というのは、私とまったく同じだ。私の母親もジガさんの母親と同じく筆跡へのこだわりが強い人だった。小学生の頃は仮名や漢字の書写の宿題を厳しくしつけられ、イヤイヤながら従っていたものの、思春期になり、私が母親の背たけを追いぬいて、言いなりにならなくなると、私は字をきれいに書かなければならないという束縛を公然と捨てさった。字はきれいに書けたほうが良いと思うものの、母親からの影響をできるだけじぶんの体から拭いさりたかったのだ。

食べ方に関しては、私もかつて下品だったが、これは親の影響と言えない。私はきれいに字を書くことをやめたのと同じく、なるべく母親が思いどおりにしようとした「おぼっちゃまのようなマコト」のあり方を壊そうとしたので、母親は上品に食べる人だったからこそ、野蛮に食べる者になろうと努めたのだった。成長した私は外国によく行くようになって、そうすると下品に食べると「日本人は食べ方が汚い」と見られるようになることに気づき、ふたたび上品に食べる者に戻るためにじぶんを訓練した。言うまでもなく、習慣の意識的修正は、なかなかの苦労を伴った。

ジガさんに限らず、発達障害の女性たちは、定型発達者の女性たちにもまして、性的虐待の被害者になりやすい。姉から同性愛的搾取の対象になっていたことは、姉の状況を考えても複雑だ。姉は過大な期待を背負わされて、欲求不満の捌《は》け口として妹に攻撃――と言って良いだろう――を振りむけた。発達障害はきわめて遺伝しやすいから、姉にも自閉スペクトラム症の傾向があって、定型発達の子どもよりもストレスに弱かった可能性がある。母親にも父親にも発達障害の傾向があり、夫婦間の営みを子どもに対して伏せておくことができなかった。性行為の前段階のような痴態を示し、のちに帰郷したジガさんの下着まで管理しようとした。悲しい光景のかずかず。

ジガさんは、日本でも他国からの留学生に性的嫌がらせを受け、就職後も顧客から同じような目に遭ったと語っていた。こんなことが続けば、じぶんを性的問題から遠ざけておこうと考えるのは自然なことだろう。ジガさんはアセクシャルを自認している。私はLGBTQ＋のための自助グループもやっていて、アセクシャルの当事者とはたくさん会話をしてきたが、人によっては生まれつきアセクシャルだと語るものの、別の人は人生経験によって性嫌悪が生まれ、アセクシャルに転じたと語っていた。

他方で、高校時代にゲイの友だちができて、ボーイズラブの本を貸し借りしたり、ゲイ・ポルノを一緒に楽しんだりしたというのは、この遊びでは性の問題にじぶんが巻きこまれないまま楽しむことができるという利点が関わっているのだと思われる。この点でジガさんは、じぶんの恋愛問題に頓着することなく男同士の恋愛と性愛の妄想に耽溺《たんでき》する日本の腐女子となんら変わるところがない。女性だけの問題ではないかもしれない。私も若い頃から、実際の恋愛には奥手でありつづける一方で、ゲイやレズビアンの性行為を空想しては、性欲処理に励んできた。

ジガさんを「ひょうきん者」だと感じたことはないものの、それは日本に来て、そういう方向への「擬態」をやらなくて良いと思うようになったあとの彼女しか私が知らないからだ。私も大阪に育って、「笑わせれば勝ち」という地域文化を内面化し、「ひょうきん者」を演じる機会の多い人生だった。

ジガさんは外国人労働者として日本に暮らしているから、複数のマイノリティ性を宿していることになる。日本のほうが台湾よりも女性の化粧を促す圧力が強いことは初めて知った。性的いやがらせを受けたことなど、不快なことも多いはずだが、日本に住むことによって、母国では味わえない孤独を満喫できていると喜んでいるのに勇気づけられる。もはやかつてのピエロ風の「擬態」をすることもなく、他方でばっちり化粧して日本人女性を「擬態」する必要も感じなくなったジガさん。窓際族になっていることに苦悩していたけれども、できるだけジガさんが粘って生きのびていけるようにと、私自身の問題かのように願っている。

第5章

毎年のように国家資格に挑戦しつづけていて、一〇個の国家資格を持っています。

――おぐっちょさんへのインタビュー

カードゲームを自作していた小学校時代

　僕は三〇代前半です。広汎性発達障害（かつての診断基準にしたがった発達障害の名称。現在では自閉スペクトラム症が該当する）を診断されています。大阪市内で生まれ育って、いまでも大阪市内に住んでいます。

　父は警察官で、母は専業主婦です。ふたりとも発達障害っぽいなって感じます。五歳下に妹がいて、いまは携帯ショップの店員をやっています。

　幼稚園の頃は、ひとりで遊ぶのが好きでした。どこまでなら我慢できるかというのを見計らうのが鈍くて、小便も大便もよくお漏らしをしていましたけど、怒られるのが怖くて、そのままバスに乗ったりしていました。その頃から、仲間外れはたくさん経験しました。偏食はあまりなかったですけど、ナマものは食べられませんでした。

　小学校では、算数や理科がすごく好きでした。法則通りに理解できるものが、おもしろいと感じました。社会は普通で、国語はあんまりでした。体育は普通くらいでしたが、球技はイヤで仕方がなかったです。ドッジボールをやったら、真剣に逃げまわっていて、いつも当てられるのが最後になってました。音楽とか図工とかは、ぜんぜんダメです。総合の時間も早く帰りたかった。宿題はちゃんとするけど、勉強はそんなに熱心だったわけじゃないです。

小学三年生のときだったか、タスク完了後に親のサインをもらう音読カードの提出を毎日しないといけなかったのですが、ちゃんとこなしていたのに、一ヶ月ずっと学校に持っていくのを忘れつづけたのを覚えています。

遊びでは、昆虫採集をよくやってました。カナブンやコガネムシなんかを捕まえて、リリースする。飼ったり標本にしたりはなかったです。習いごとをしてないのは珍しい、まわりの人はみんなやっているということで、習字とスイミングを週に一回ずつ通わせてもらいました。クラブ活動はない学校だったので、家に帰って宿題をしながら阪神タイガースの試合を見たりしていました。朝の子ども劇場で再放送の『タッチ』とか『幽☆遊☆白書』を見るのも好きでした。『遊☆戯☆王』のカードゲームが好きでしたが、お小遣いが足りないので、カードゲームを自作していました。これはかなり自閉的かもしれないですね。

小学生までは「擬態」をしなければいけないとも、することで生きやすくなろうとも考えませんでした。そんな感じです。

勉強をがんばっているキャラを演じた中高時代

中学ではどの科目も得意で、成績表は5段階評価でほとんど5です。国語だけ少し弱いけど、平均よりはずっと上でした。でも美術は筆記試験がないので、2くらいが多かったかもしれません。国語の成績をあげられると言われて、読書を始めました。星新一の作品とか、『ハリー・ポッター』を読みました。勉強が忙しくて、昆虫採集はしなくなっていましたが、ファーブルの『昆虫記』は好きでした。

クラブ活動は水泳を選んで、種目は平泳ぎでした。水泳部員としては平均以下の成績に終わりました。中一のときは仲間外れにされたけど、中二以後は大丈夫でした。阪神タイガースの試合を見ながら、よく宿題をやっていたのは、小学校のときのままです。あとは、ゲームボーイ・アドバンスで『ファイアーエムブレム』をプレイしました。

いま振りかえると、中学のときに勉強をがんばっていたのは、「擬態」の始まりだと思います。仲間外れにされていたので、「ぼくは勉強をがんばっている人だから」という立ち位置を作ろうとした。勉強ができると、トラブったときに教師が味方をしてくれるので、そういうメリットもありました。

学区内でいちばん上のランクの公立高校に進学して、優等生を「擬態」するのはそのままです。国語は相変わらず苦手でしたが、五教科の総合点はクラスの上位の一〇パーセント以内に入っていました。英語の先生が、クラスで一位の試験成績を取ったら、景品をくれるというので、それをゲットするのが趣味でした。景品はノートとかタオルとかの安いものでしたが、獲得したタオルはいまでも使っています。相変わらず国語の成績向上のために、星新一の本と『ハリー・ポッター』を読みました。あとはシートンの『動物記』。『シャーロック・ホームズ』を勧められたけど、おもしろいと思えなくて、最後まで読めずに、投げだしました。

パソコンの授業がありましたけど、得意じゃなかったです。部活は水泳部を続けましたが、中距離のクロール専門に転向しました。阪神タイガースの試合を見ながら勉強をするのは変わらず。『D.C.～ダ・カーポ～』とか『CLANNAD』とかの、深夜にやってるハーレム・アニメ（男性主人公が多数の美少女キャラにモテる様子を描くアニメ）を、勉強のご褒美ということにして、楽しんでいました。

進学校なので、いじめはありません。勉強が忙しすぎて、クラスメイトをいじめてる暇がない（笑）。だからあまり失敗もなかったんですけど、義務的に出なければならない校内のコーラス大会がイヤで仕方なかったことは覚えています。コーラス大会の歌を決めるのに朝早く行かなければいけなかったんですけど、いつもどおりの時間に登校してしまって。投票したい曲に手をあげてと言われて、聞いてないからと思って、あげなかった。司会をやっている人に「どうして手をあげないんですか」と言われて、「遅れてきたので」と正直に言ったらキレられました。その人は僕が遅れてきたことに気づいていなかったんですよ。ほかにも遅れてきた人はいたんですけど、その人たちはバレないために適当に手をあげていました。正直に行動してバカを見るのは、いかにも発達障害者っぽいですね。

僕は「擬態」ができない！

一年浪人して、予備校で国語の解き方を教えてもらって、成績が一気にあがりました。国語にも論理があるとわかりました。関西にある国立大学の工学系の学科に入りました。勉強は、単位を取れるギリギリでやっていた感じです。時間があるときは阪神タイガースの試合を見たり、『ファイアーエムブレム』をやったり、『D.C. ～ダ・カーポ～』鑑賞の二周目をしたりです。『CLANNAD』は五周しました！　ほかのアニメだと『ヒカルの碁』とか『ひぐらしのなく頃に』も好きでした。水泳サークルの同好会に入って、週一で泳ぎました。学科の人たちとはソリが合わなくて、サークルには同学年の人はいなかったから、友だちに飢えていました。大学時代がいちばん暗黒です。

入学と同時にパソコンを買ってもらって、「2ちゃんねる」を見るようになりました。それで当時急に話題になっていた「アスペ」とか「発達障害」とかの言葉を知った感じです。一年生から三年生まで、コンビニのバイトを週三から週五までやっていたんですが、あきらかにじぶんだけ不器用で臨機応変な対応ができないので、おかしいなとは思いました。品出しをしていても、客がレジに並んだらすぐに対応して、その対応もポイント使用がどうのこうのって、同時に複数のことをしなければいけないですから、一日一回はなんらかのミスをしてしまって。人手が足りなくて解雇されませんでしたが、バイトの先輩に「おまえは社会に出ても通用しないぞ」と言われました。給料は特に何かに注ぎこんでいたとかじゃないんですけど、大学生活での細かな出費で消えていきました。

三年生のとき、インターンシップに参加して、青果店の露天販売をやることになりました。入って三日目、社長と夕食に行って、「なんでも質問していいよ」って言われたので、歯に衣着《きぬ》せぬことを、いろいろ言って。もともと人の表情が読めないので、そのときはわからなかったのですが、怒らせてしまったらしくて、「おまえ、ちゃんと話を聞いてるか？」って詰められて。「聞いてます」って答えたら、「嘘つけ！」って怒鳴られました。それまでずっと、音は聞こえていても情報としてはわからないということがよくありましたが、特に問題だと思っていなかった。そのとき、情報としてちゃんと理解することが「聞いてる」って意味だってわかったんです。翌日、仲介業者に呼びだされて、「もう来なくて良い」という社長の伝言を伝えられました。

僕は「擬態」できないということが、あきらかになりました。前からおかしいとは思っていたので、「大阪市発達障がい者支援センター・エルムおおさか」に電話を入れて、発達障害の検査を受けられるクリニックを教えてもらいました。そういうセンターがあることは、「2ちゃんねる」で知りました。それで、いろいろ検査を受けて、「広汎性発達障害」と診断されました。大学四年生からミクシィを通じて、発達仲間との世界が広がっていきました。

ゼミは都市計画学を選んで、住んでいる市のとある区の放置自転車の実態調査をしました。大学の成績は平凡でしたが、卒論は先生の指導が良くて、なんとか出来の良いものを出せたと思っています。大学院に受かったんですけど、研究室の先輩からパワハラやアルハラがあって、しんどいなと思って、進学はせず公務員をめざしました。でも結果はダメで、無職のまま卒業することになりました。ハローワークに相談して、一ヶ月のあいだ、障害者職業センターに通って、事務作業をやりました。

同僚は発達特性の強い人ばかり

その後は、衣料から産業製品までカバーする品質検査の機関にアルバイトとして働くようになりました。大企業の衣服の品質検査を実施したり、ワードとエクセルで報告書を作成したりが業務内容でした。その頃から、パソコンの勉強を独学でやるようになりました。人との距離感がわからず、近づきすぎて社員から注意をされたりはしたけど、大きなミスは起こしませんでした。コンビニと違って、お客さんとの折衝がないので、「擬態」する必要もなく快適に仕事をさせてもらいました。業務内容に飽きたらなくて、もっと高度なものをやりたいと要望したのですが、「そういうのは社員の仕事だから」と断られました。社員登用の可能性を尋ねましたが、「前例がなく厳しい」と言われて、転職先を探しました。その機関での勤務は二年半です。

じつはアルバイトとして勤務しながら、環境計量士（濃度）の勉強をやっていて、試験に合格していたんです。それで水質検査の企業に契約社員として入ることができました。僕と同じように自閉スペクトラム症の特性の強い人が多くて、「擬態」をする必要がなく、ありがたかったです。職場で大きなトラブルはありませんでした。両親が離婚して、初めて一人暮らしをやることになって、そんな波乱はありましたけれど、入社して一年後に正社員に登用してもらえました。

ちなみに毎年のように国家資格に挑戦しつづけていて、いまでは一〇個の国家資格を持っています。前に書いた環境計量士（濃度）のほか、公害防止管理者大気1種、公害防止管理者水質1種などです。

また、恋愛にまつわる話として、とある当事者の集まりでかわいいと思ったADHDと自閉スペクトラム症が併発した女の子に出会って、一生懸命に口説いて、まわりからも応援されて、交際することができました。三年くらい付きあいましたが、「気持ちに寄りそってくれない」と言われて、フラれました。

仕事では、パソコンを使った業務に専念したくなって、入社から六年半で退職し、別の企業の社内SE（システムエンジニア）として働きだしました。でもまともにこなせなくて、半年後には、もとの会社に出戻りをしたいと相談したんです。そしたら、以前の仕事ぶりを評価されていて、戻ることができました。それから現在（二〇二三年八月）までに一年くらいになります。

「擬態」はしんどいので、やらなくて良い環境を見つけるのが大事だと思っています。これで僕の話を終わります。

おぐっちょさんに関する注釈

おぐっちょさんの話を聞いていて、幼稚園時代によく大も小も失禁したという逸話が、まずは興味深かった。自閉スペクトラム症があると、内臓の感覚が弱いという研究が提出されていて、私も尿意や便意がわかりにくい。子どものときに頻繁に漏らしたということはないけれど、もう少し感覚が弱かったら、おぐっちょさんと同じようになっていたはずだ。

おぐっちょさんと同様に、私にもいじめられた経験が豊富にある。黙っていると、黙りすぎという印象を与えて違和感を与え、しゃべっていると、しゃべりすぎという印象を与えて、やはり違和感を与える。定型発達者たちはその「違和感」に敏感で、違和感を抱いた相手に対して、まったく優しくできない人がいくらでもいる。おぐっちょさんも私も、多くの発達障害者も困難だらけの人生を生きのびてきた「サバイバー」と呼ぶことができる。

おぐっちょさんが昆虫採集をほどほどにやっていたことは、私との差異として、興味が湧く。私の場合は、もっとのめりこむように昆虫たちと戯れ、飼育しては大量に絶滅させ、つぎつぎに彼らの息の根を止めて、標本にもしていた。私の場合には家庭内で肉体的暴力を受けていたので、その捌《は》け口が昆虫に向かっていたのかもしれない。このまえ（二〇二三年八月）、おぐっちょさんたちと神戸市立平磯海づり公園まで釣りに行って、私は五〇分くらいで一八匹のアジを釣りあげ、満足したのと猛暑もあってすぐに離脱し、帰路についたのだけれど、私が釣ったアジのほぼすべてをおぐっちょさんはていねいに海へとリリースしてくれて、私は「彼の優しさがよく出ている」と好ましい思いで見つめていた。

またおぐっちょさんには、水泳に打ちこんでいたとか、いつも野球を見ながら勉強していたというスポーティな面もある。私自身は運動音痴で、水泳を習っていたとはいえ、あまりに上達しないので楽しくなかった。三〇代のときにも一時期よく水泳をしていたけれど、やはりまるで上達しなかった。野球は私も好きで――おぐっちょさんや私が育った大阪市は野球好きの少年が多いことでも知られている――スポーツのなかでは唯一やっていて楽しいと感じる種目だが、それでも草野球で一試合を最初から最後までこなせるだけの体力と運動神経がない。

昆虫採集、水泳、野球観戦と同じように、おぐっちょさんにとってはハーレム・

アニメが心の慰めになった。『CLANAD』は五周もしたと語り、驚くべき話だ。一回につき、主題歌やCMの時間などをいれると三〇分あって、ぜんぶで五〇話近くある。それを五周したというのだ。じつは私もこのアニメが「泣ける」という評判を聞いて、鑑賞したことがあるのだが、間延びした展開が苦痛すぎて、途中からは軽作業をしながら冷めゆく関心を持って視聴し、なんとか観終わることができたときには、ほっとした。好むものを何度も反復する自閉スペクトラム症の「同一性保持」の特性が、おぐっちょさんに濃厚に現れている。

おぐっちょさんは、生存戦略として「優等生」を「擬態」しようとした。これはよくわかる話だ。私もそのような「擬態」をしながら、「これは優等生のモノマネみたいなもので、僕自身はほんとうは優等生じゃない」といつも思っていた。「ほんものの優等生」なら、おぐっちょさんがコーラス大会の歌を決めるときにやったような、あるいはインターンで社長に言ったような失言はしない。そのように私は考えている。というのも、まさにこのような失敗を私自身が何度も繰りかえしてきたからで、その度に私はじぶんが「擬態しているだけで、メッキが剥がれた」と自己嫌悪に陥ってきたのだ。

おぐっちょさんの「国語」との苦闘は、おもしろかった。私は「国語」が不得意なのに得意だった。つまり、描写された登場人物――おおむね定型発達者――の気持ちを推しはかることがほとんどできないのだが、それを挽回《ばんかい》するために異常な量の読書をして、「ふつうの人はこんなふうな思考や感情の回路を持っている」というデータを大量に頭に蓄積していたから、問題がするする解けてしまう。そういう訓練によって現実世界を生きのびる知恵も身につけられたし、結局はこの「サバイバル術」を身につけられる科目ということで、私にとって国語が得意科目になった。その延長線上に私の文学研究者としての仕事がある。

おぐっちょさんのコンビニ体験談にも記憶がくすぐられる。私もやはり大学生の頃、大阪市でコンビニのバイト店員だった。おぐっちょさんは私の一〇歳ほど年下、私が働いていたのは二〇世紀が終わり、二一世紀が始まる前後のことだ。日本最大のスラム街と呼ばれた「釜ヶ崎」の近く、治安が悪いということで悪名高い「西成」での深夜バイトだった。私もあまりに無能すぎて、おぐっちょさんと同じく解雇には至らなかったものの、シフト表でいつも下のほうに名前を書かれていた。店長は毎月シフト表に、「現在のお気に入り」の順にバイト店員の名前を書いていたのだ。

おぐっちょさんは理系の専門的な調査をしたり、ITエンジニアリングを担当したりしてきた。これらの分野は自閉スペクトラム症の特性が強い人に向いていると言われ、同僚が「それっぽい人ばかり」ということになる。会社の側としても、世間的には厄介者と見なされやすい人材をどのように活用するべきか、すっかり呑みこんでいるわけで、こういう環境が調整された職場で働けたら、Tenさんのところで書いたことと同じだが、私たちは実質的に障害者ではなくなる。おぐっちょさんのような潜在的に優れた能力を持った人材が「擬態」の必要もなく、バリバリと活躍できるようになるのだ。

圧巻は、保持している国家資格の多さだろう。当初インタビューしたときには遠慮していたのか、この話は出してこなかったのだけれど、原稿を成形して修正を依頼すると、「じつは……」と一〇種類の国家資格について教えてくれた。国家資格なら生き物ではないので、リリースする必要はなく、集めたい放題だなと感心した次第だ。

第6章

私を助けてくれているのは趣味です。趣味のお陰でメンタルの安定が保てている部分があります。

——しのぴーさんへのインタビュー

礼儀正しくすることでじぶんを粉飾していた子ども時代

私は三〇代後半の男性で、ADHDおよび自閉スペクトラム症と診断されています。四国の田舎出身で、父はサラリーマン、母は公務員ですが、祖父母は兼業農家でもあり、田んぼを持っているような家でした。二つ下に弟、四つ下に妹がいます。

幼稚園の頃は、そんなに困った記憶がありません。よく癇癪《かんしゃく》を起こしたり泣いたりで、親や先生から注意を受けたことは覚えています。当時は病弱で、自家中毒がありましたし、風邪をこじらせたりしたこともあり、小学校入学以前だけで三回ほど入院した経験がありました。

小学校は公立で、一年生から六年生まで一〇〇人を超えるくらいの小さい規模のところでした。成績は上位でしたが、聞き間違いや聞きもらしは多かったです。いまとなって思えば、聴覚情報処理障害というやつですね。幼い頃ほど病弱ではなくなりましたが、やっぱり自家中毒があり、運動会や文化祭のあとなど、ストレスが溜まるイベントの後は、自家中毒症の影響やストレスに弱かったせいなのか、よく嘔吐《おうと》してしまい、小児科の先生にお世話になり、点滴をしてもらったりしていました。

体が弱いのを治すためということで、親が水泳やサッカーの教室に通わせてくれました。

運動神経が悪く、足が遅くて、逆上がりができなかったくらいですが、サッカーや野球、ドッヂボールなどの球技は好きなほうでした。

私の趣味のいちばんは鉄道オタクということなんですけど、だからゲームでは『電車でGO！』が好きでした。でもゲームは全般に好きで、『ファイナルファンタジーV』『実況パワフルプロ野球』、「マリオ」系のゲームなどをやっていました。アニメも好きで、『ドラゴンボール』が非常に好きで、単行本を全巻持っていたり、いまも新たなグッズを買ったり、イベントに出かけたりするほどです。そのほかには、『YAIBA』『爆走兄弟レッツ&ゴー‼』『忍たま乱太郎』『クレヨンしんちゃん』などが好きでした。このあたりの趣味は、わりかしオタクっぽくないかもしれません。

小学校時代は、まあまあ素《す》のじぶんを出していましたが、高学年からはじぶんを偽って「擬態」をしていたと思います。不注意が多くて、騒がしくしていて叱られることも多かったので、礼儀正しくすることでじぶんを粉飾しようとしたんです。

中学校は地元の公立で、ここは一学年五クラスくらいなので、ふつうの大きさですね。成績はそれなりに良くて、とくに理科と社会が好きでした。科学や一般社会に関する情報に興味がありました。英語や国語はまあまあという感じ。数学は好きではあったのですが、中二のときにつまずいて、点の取れない分野が出てきました。

サッカーが好きだったのですが、その中学校にはサッカー部がなく、マンガの『SLAM DUNK』の影響を受けて、身長も伸ばしたかったのでバスケ部に入りましたが、練習がきつくて半年も経たずに退部しました。それでパソコン部に移りました。少人数のオタクな友だちと交流して、鉄道やゲームのことを話してました。オタクということで嫌がらせを受け、ヤンキーに絡まれて、殴りあいになったりしました。

対人関係では、波長の合う合わないの差が激しかったですけど、一応問題なく最後まで不登校にもならず、卒業しました。教師や先輩との上下関係で悩んだりはありましたけど、これは発達障害に関係なく「思春期あるある」かもしれませんね。

高専を中退して進路に苦悩するも、文転して大学進学

中学を卒業したあとは、高専（高等専門学校）に進学しました。鉄道、パソコン、ゲームが好きだったので、工学系かなと思いまして。電子工学科だったんですけど、数学がぜんぜん付いていけなくなりました。通学に時間がかかるので部活には入らず、帰宅部でした。暇があったらゲームという生活です。あとはインターネットが普及しはじめた時期なので、「2ちゃんねる」を見たり、ヤフージャパンでニュースを読んだり。政治に興味があって、

歴代政権の政策、選挙結果、地元行政や当時話題となっていた市町村合併などの政治課題なども知るのが楽しかったです。県内の地方議会議員の方の事務所でのインターンシップも経験しました。学生時代から社会人数年目になる頃までの一時期は、ほんとうに将来は選挙に出馬して、政治家になろうと考えていました。高専は五年制なんですが、結局は中退してしまいました。

「擬態」の方向はずっと同じですね。挨拶とか礼儀正しくということは、きっちりやっていくという。でもまじめなわりに、優等生には入らない。体調を崩して不登校になることはなかったので、良かった面もあります。

中退後、地元の予備校に一年通いました。将来の進路に非常に悩み、メンタル的につらかった時期でもありました。浪人して文系に転じました。進路が迷走して、不安で仕方なかったけど、いま振りかえったら良い試練だったと思っています。理科のほかに興味があった社会の勉強をやりたいと思いました。

第一志望だった国公立大学には合格できなかったのですが、第二志望で合格した私立大学に入学するため、京都に引っ越しました。合格できた嬉しさは大きなものでした。社会学系の学科で、当時は若者の就職難なども注目されており、興味を持っていたためです。一年生と二年生の間は大教室での講義が中心でした。大人数の講義ではしゃべり声などで騒がしかったこと、先生が話すばかりで双方向での意見交換やディスカッションが少なかったこともあり、あまりおもしろいとは思えない部分もありましたが、３年生でゼミに分かれ、充実した勉強ができました。若者や高齢者の雇用問題について卒論を書きました。

京都なので考古学研究会もおもしろそうと思って、天橋立の近くまで古墳の調査に行ったり、友だちと博物館をめぐったりしました。あとは政治学研究会を掛けもちしました。３年生からキャンパスが変わったので、今度はアニメやゲームの同好会に入りました。

バイトは飲食関係をやってみたんですが、やはり耳が過敏なので、飲食店という職場の騒音が気になって続かず、数ヶ月でやめました。地元でもバイトをしたことはあったんですけど、騒がしい職場を経験したことが、それまではなかったんです。ほかには、大学の事務補佐としてオープンキャンパスやキャンパスツアーなどのスタッフをやったり、生協のアルバイトをやったりですね。

マイクロマネジメントの上司との関係に悩む

リーマンショックの時期でしたが、インフラ関連の上場企業に内定を獲得できて、とても喜びました。両親や親戚も喜んでくれました。就職してメンタルは安定しましたが、しばらくしたら転勤があって、本社への異動ではあったのですが、気持ちは落ちこみました。でもそのうち重要業務に参画できるようになり、本社でないとできないような仕事だということで、気持ちは持ちなおしました。

それからは業界の厳しい状況を実感しつつも、創意工夫で凌《しの》ぐ日々になりました。東日本大震災から数年経ったあとに、ツイッターで知り合った方々と被災地の石巻市や女川町までグルメ観光兼のボランティアとして旅に行ったことをよく覚えています。

三〇歳手前になって、新しく赴任してきた上司との関係に悩みました。文書の管理や報告などに関して細かな指示が多くて、いわゆるマイクロマネジメント。よくわからないローカルルールも敷かれてしまって。もともと間接部門として電話で社内外から問いあわせを受けて対応することが多く、電話応対や口頭ベースでの指示を受けての対応は苦手な業務ではあったのですが、新たな担当業務が増えたことで数ヶ月ほど平日は夜一一時過ぎまで残業、さらには休日出勤なども必要となり、長時間労働となったことに加えて、直属の上司から書類のフォントやポイントが違う、書類を紙に印刷した際の余白の幅がちょっと違うなどと注意を受けました。しかも文書でなく口頭だから、頭に入ってこない。いろいろ言われて、口論になることもありました。

高専の中退と大学浪人は別として、それまで大きくつまずくことはなかったけど、仕事で細かくきっちりやれと言われたら、「擬態」できなかった。転職で人生を変えようという逃避的な思考になって、転職活動でいくつか内定をいただき、六年くらい勤めた会社を辞めました。

新しい職場は大手電機メーカーで、当時住んでいた場所から遠く離れた関東地方に転居となりました。業務改善に貢献して表彰されるなど、うれしいことも多かったのですが、マルチタスク的な業務をこなすことが苦手だったうえに、巨大企業のため非常に優秀な人材が多く、社内外のいろいろな組織との調整業務のようなものも多い。社内での立ち位置に苦悩するようになりました。で、キャリア形成に悩んで、三年くらいでまた転職です。

それが三三歳のときで、以来大阪に住んでいて、現在までに四年半くらい経っています。勤め先は大手機械メーカーで本社勤務を経て、人事異動があり、現在は工場の事務部門での勤務です。面接のときにこれまでの実績をＰＲして内定。入社後は、いくつかの業務改善プロジェクトに携わらせてもらいました。でもすぐまたポンコツ化して、好不調の波が多い傾向です。規模の大きいプロジェクトであったのですが、上司からの指示をうまくこなせず、ミスを連発することもあって注意を受けたり、また別の機会や別の管理職からは自分の取りくみを評価していただけたり、かなりの極端な働きっぷりで、「擬態」できなくなりました。

そのような状況で、仕事でのミスも多かったことや、集中力が続かないことが増えたこともあり、コロナ禍も始まっていたので、いわゆる「コロナ鬱」だろうかと悩んで、二〇二〇年の春から夏くらいに精神科を受診しました。知能検査を受けて、ＡＤＨＤの不注意優勢型、ＡＳＤ併発と診断されました。知能検査の結果は凸凹がハッキリしていて、良くも悪くもビックリするほどでした。三四歳のときでした。以後、コンサータを服用しています。いまも同じ会社で働いていますが、すでに転職が決まっていて、コンサルティングファームに転職し、コンサルタントとして法人向けのコンサルティング業務をやる予定です。じつは転職活動で、とある有名大手企業を受けた際に、私自身が発達障害と診断されていることを伝えると、人事担当者から面接以外の場での電話確認があったり、役員面接の予定調整や最終面接の結果連絡が当初の案内期日を大幅に過ぎても来なかったりと、正直なところイヤな思いをすることもありました。

社会人学生として人材マネジメントを学ぶ

そんなふうに働きつつ、二年半前（二〇二一年）から、社会人学生として仕事と掛けもちしながら関西の国公立大学の大学院経営学研究科に入りました。受験の動機は、発達障害との診断を受けた直後であるうえに、コロナ禍ということもあり、人生を見つめなおそうと一念発起したこと、じぶん自身の教養や人間性を磨きたいと考えたことに加え、第二次大戦前からの伝統ある大学で、経営学が強い大学だったのが理由です。とくに、仕事で業務改善に携わってきて、組織や人材のマネジメントなどの人事関連の事柄に関心があったからということ、経理や財務などにも興味があったということがポイントでした。さらに、その大学は社会人の受け入れに熱心でカリキュラムも調整しやすいこと、自分の趣味として二〇代の頃から株式投資をやるようになっていたからということも大きかったです。自分は学生生活と社会人生活を経てきて、鬱や睡眠障害で休退学・休退職してきた人を何人か見てきましたから、人材マネジメントを研究テーマに選びました。修士論文の題目は、「発達障害の特徴を有する人材が活躍する組織内の人事制度、人材マネジメントに関する調査」です。

私は就活や転職活動では、非常にまじめそうなキャラクターを演じながら発言します。会議でも気の利いた発言をすると評価されていることがあります。それは「擬態」をしているからです。でも日常の業務ではタスクの優先順位をつけるのが困難で、聴覚過敏で周囲の騒音が気になることもあり、仕事で成果が出せるときと出せないときの落差が大きいと感じます。たとえば、取りひきのあった一〇〇社くらいの企業に業務改善計画のプレゼンをしたことがあります。評判は非常に良かったのですが、全エネルギーをそのタスクに振りわけてしまったので、数日後からの別の仕事がボロボロで、ミスを連発しました。いまでも口頭で説明されても、耳に入ってこないこともあります。不文律を理解するのも苦手です。上司からは、仕事の成果のムラが大きい、人事面接での印象と異なっていると指摘されたこともあります。

心踊るのは、他の人から感謝されたとき、問題解決への貢献を実感できたとき、オタクっぽい知識も含めたじぶんの強みを活かせたとき、人や組織の成長をサポートできたときなどです。逆に気持ちが沈むのは、三〇代になってから発達障害や睡眠障害を診断されたのですが、睡眠時間を充分に確保できないときですね。その他、付加価値を生まない業務に時間や予算などのリソースを割かなければならないとき、理不尽な要求を突きつけられたとき、唐突に早口で業務の依頼があったときなどです。

私を助けてくれているのは趣味です。趣味のお陰でメンタルの安定が保てている部分もあると思います。同率第一位の趣味は、鉄道と株式投資。同率第二位の趣味は、サッカー、野球、大相撲などのスポーツ観戦、ゲーム、マンガ、アニメのあたり。同率第三位の趣味は、政治家の事務所でボランティアしたこともあって、いわゆる床屋政談と、SNS、とくにツイッター、それから男女問わず趣味が会うユーチューバーに会いに行くこと。あとは愛猫家で、実家では三匹の猫を飼い、生涯を見届けました。

しのぴーさんに関する注釈

しのぴーさんとはふだんから交流があって、私が京都でやっている当事者研究会では常連の参加者だし、オンラインでやっているオープンダイアローグ的対話実践の会では、スタッフ同士として協働している。「対話実践」に関わっているけれど、子どもの頃から聞きもらしや聞きまちがいが多かった、アルバイト先では騒音が苦痛で退職した、ふだんの業務でも口頭指示が頭に入らないと聞くと、「そうなんだろうか？」と不思議な気分になる。そのような人には見えず、聴覚情報にも敏感に対応しているように見えるからだ。

しかし、これは錯覚に過ぎない。というのも、私自身もまったく同じような悩みを抱えているのだ。固体うさぎさん、向坂くじらさん、おぐっちょさんのところでも書いた「聴覚情報処理障害」。私たちには、「音が聞こえているけど、情報としては頭に入ってこない」という場面が多くある。これまでの経験を参照しつつ、現在進行形で起こっていることに対して、かなり正確な見通しを与えながら向きあうことが得意なために、「聞こえていないようには見えない」状態になっているだけなのだ。しかし実際には、多くの情報が途切れ途切れにしか頭に入ってきていない。

しのぴーさんは運動神経が悪く、足が遅くて、逆上がりができなかったと語る。私とまったく同じだから、発達性協調運動症が併発しているのだろう。なぜか野球やサッカーなどの球技は好きなほうであり、いくらかは得意だったとも語っていた。私は野球が少し得意だったけれど、サッカーはダメだった。野球は静止している時間が長いから、まだ疲れずプレイできるものの、サッカーみたいにあんなに長時間にわたって動きつづけるスポーツは、とうてい向いていなかった。小学五年生のとき、親友が入部すると言うからという理由でサッカー部に入ったけれど、一年ずっと死ぬほど後悔した。六年生になると、四年生のときとおなじマンガ部に出戻りをした。

しのぴーさんはADHDを診断されていて、自閉スペクトラム症よりも、こちらの特性のほうがより表面化していると感じる。ADHDがあると、注意が四方八方に分散するため、わーっとすごい勢いで営業トークをやったり、冒険の旅に果敢に乗りだしたりする原動力も生みだす。前向きな態度で転職活動を活発に展開したり、投資に夢中になって副収入を稼いだりしているのは、ADHDの特性をじょうずに活用しているからと言えそうだ。

しのぴーさんはいつも明るく華やかな雰囲気をまとっているため、小学校時代、運動会や文化祭のあとストレスからよく吐いていたというのは意外だった。就職後も、環境の変化で気分の落ちこみが起きやすかったのも、同様だ。ふだんからいきいきと実力を発揮できているように見えるしのぴーさんだけれど、それはやはり環境に恵まれた場合なのだろう。思えば私がしのぴーさんに接するとき、私はしのぴーさんの人柄や価値観を尊重するように配慮しているから、その環境でしのぴーさんは持ち味を発揮できているということがあるのかもしれない。

そんな躁鬱傾向のあるしのぴーさんが、メンタルヘルスを支えるために活用しているのが多趣味さだ。さきほども述べたADHDのわーっとすごい勢いで突撃する特性ゆえに、私たちは多趣味になりやすい。自閉スペクトラム症が単発で罹患していたら、興味関心がかなり限定されてしまうけれど、自閉スペクトラム症とADHDが併発していると、濃厚な趣味を複数保持することになる、というパターンが多い。しのぴーさんには支えになるものがたくさんあって、その点でほっとさせられる。

またその趣味の内容にしても、明るい雰囲気があるというか、どちらかと言えば陽気だ。鉄道趣味は旅行欲と一体化しているし、政治談義やスポーツ観戦や株式投資は、むしろ定型発達的な趣味と言えると思う。アニメ趣味にしても、自閉スペクトラム症があると非常にマニアックになることが多いけれど、しのぴーさんは『ドラゴンボール』など、王道路線を好む。マニアックなファンが多い『新世紀エヴァンゲリオン』や女児向けアニメの『美少女戦士セーラームーン』などに対する関心は私に似ているが、私の場合はレトロで怪奇な書物、マンガ、物品を大量に集めて、自宅をお化け屋敷のようにしているから、そういう異端的なタイプとはかなり異なって見える。もっとも私は、未成年時代にカルト宗教の教育を受けた経験から、複雑性PTSDを併発していて、トラウマにまみれた人生を生きているから、それがそのような趣味性の背景として見逃せないのではあるけれど。

中学時代にオタクということで嫌がらせを受け、ヤンキーに絡まれたという逸話は私も同様だった。一九九〇年代は、一九八八年から一九八九年にかけて起きた宮崎勤を犯人とする東京・埼玉連続幼女誘拐殺人事件の影響から、「オタク受難の時代」だった。戦後最悪級の殺人鬼だった宮崎の生態がオタクの典型と見なされたからだ。私はいまでも私の趣味を否定し、嘲笑し、弾劾した親や教師やクラスメイトたちをそんなに許していない。

しのぴーさんは、いわゆる「ゆとり世代」に属する。小中学校のあいだ、発達障害者としての問題が顕在化しなかった理由のひとつとして、「ゆとり教育」の恩恵ということも考えられないだろうか。ひとりひとりの個性を重んじて、のびのびとした教育を施す。それがうまく機能していたら、適切な環境が与えられるということだから、発達障害の特性を持った人でも、実質的には障害者とならない。とはいえ、しのぴーさんの基本的な能力がもともと高くて、それで多少の困難な状況があっても、深刻な状況に陥らなくても乗りこえられたのだという解釈もありえるだろう。

しのぴーさんの当初の関心が理科と社会で、まずは理科系の道に進み、のちに進路を転轍《てんてつ》して社会学や経営学を専攻したという歩みが愉快だ。私も理科と社会が好きだったけど、物理や化学など数学的要素の必要な分野は中学時代にもうつまずいた。生物や地学は得意なままだったけれど、高度な勉強ではやはり数学が必要になることを知ったので、歴史の専門家になろうと考えるようになって、高校では日本史でも世界史でも定期試験を受け、成績は抜群だった。けれども私は地道な発掘や古文書の解読に魅力を感じることができず、もうひとつの得意科目の国語に関係する道を模索し、文学研究者になろうと決めた。しかしやるんだったら未知の領域が良いと考え、ドイツ文学者になろうと決意し、英語が不得意なのに、英米文学とドイツ文学を中心に学ぶ学科に入学した。やがて英語も問題なく操れるようになって、ほかに一〇種類以上の外国語を学ぶようになっていった。

しのぴーさんは、自己分析にも長けていて、じぶんの長所も短所もよく把握しているし、じぶんの気分の浮き沈みの動因についても理解が深い。さすが何度も進路を変更し、転職を繰りかえしただけのことはある。しのぴーさんは礼儀正しくすることを「擬態」と理解していて、それについて私もじぶんの「擬態」に共通点を感じはするものの、どちらかと言えばその種の「擬態」は良い結果をもたらしてきたのではないかと思う。実際、私はしのぴーさんと話していて、不快な思いをしたことが一度もない。

しのぴーさんに関しても、環境調整の必要は決定的に重要な意味を持っていた。マイクロマネジメントを持ちこんだり、不文律を敷いたりしないこと。そうすることで、しのぴーさんは強力な能力を発揮できる。

第7章

サルトルが言った「地獄とは他人のことだ」という言葉に完全に共感します。

──すふさんへのインタビュー

自然発生的な遊びに加われなかった保育園時代

私は四〇代の女性で、「中途半端な地方の街」の出身です。自閉スペクトラム症を診断されていますが、「擬態」する才能なしに生まれてきたと考えています。

それでも、生まれ育った家庭ではまだ「擬態」をしていたほうかもしれません。父には自閉スペクトラム症の特性が強烈にあって、母にもそれなりにあります。両親とも教育熱心で過干渉傾向でしたが、私に友だちがいないことに頓着せず、友だちとの関わり方を教えようという発想がない人たちでした。つまり「こだわり」のポイントがあったということですね。保育園で覚えた方言を話したら、母は気分を害してしまったので、じぶんの家では口にしないようになりました。積み木とレゴ以外のおもちゃは与えてもらえない、教育的ではないアニメを見せてもらえないなどの教育方針で、友だちとのごっこ遊びに混ざれませんでした。

保育園では、子どもたちの言っていることがあんまりわかっていなかった気がします。子どもって、理路整然としゃべれないですよね。それに比べると、先生たちが望んでいることはわかりやすかったです。みんなが集まって自然発生的に一緒に遊んでいる場所で群れに入れず、ひとりでできる遊びをするしかないようなことが多く、その時の心細い気持ちをよく覚えています。気にしてくれる子もいたのですが、「この子つまんないな」と思われたためか去られてしまうことは多かったです。四、五歳くらいのときに、友だち関係で心に大打撃を受ける出来事があって、それからずっと誰かと友だちになろうとすることが難しくなりました。

先生が何を求めているかを必死に考えてた小学校時代

小学校時代、勉強は得意でした。授業は聞けばわかる感じで、百点近い点数を取るのが通常でした。でも思いかえすと筋道が通った説明でないと頭に入りにくかったかも。不得意な科目はあまりなかったですけど、体育は苦手でした。男の子で仲良くしてくれる子が多かったのですが、親から男子と放課後に遊ぶことは禁止されました。歌謡曲風に「愛している」とか「抱きしめて」とかの歌詞の入った曲をじぶんで作って母に聴かせたら、「子どもらしくないから嫌い」と拒絶されたので、ショックを受けながら「リスさんとタヌキさん」の曲に路線変更したのを覚えています。

三年生から六年生まで同じ女の先生が担任になって、その時代の影響がずっと残りました。先生は母に近い年齢で、神経質なところも似ていました。イライラしていることが多くて、彼女が怒っているのを見るのが嫌だったから、先回りして意図を汲みとって、対応するようになりました。なぜかわかりませんが集中して話を聞くと先生の考えていることが推測できました。ほかの子たちよりも抽象的な事柄の理解力が早く発達していたからかもしれません。そうしたらお気に入りの優等生みたいな扱いになって、学級運営を任されるようになりました。あと、学校の先生が贔屓《ひいき》してくれると、私のことを「子どもらしくない」って可愛がってくれなかった母が態度を変えることに気づいたんです。ですから、先生に気に入ってもらうために、先生が仕切っている空間では、明るい優等生みたいな印象になるように注意しました。先生が何を求めているかを必死で考えて、それを満たすように行動しました。ほかの子が私の言動を真似てやると、先生の意図からずれてしまって、先生の機嫌が悪くなるので、それを取りつくろったりもしました。

でも、クラスメイトのみんなの心を気にすることはなかったんです。四年生か五年生のとき、算数の授業で先生が何人かを当てても、思うような答えが出なかったことがありました。それでクラスの全員を当てていったんです。秀才風に見られていた男の子がいて、みんなその子に合わせたような答えを言っていました。私はふと答えはぜんぜん違うんじゃないかと思って、それを答えると、正解でした。

みんなはじぶんの考えを言って、まわりから浮いてしまうのを怖がっていたんだと思います。それらしい答えを言ってまちがうか、じぶんの意見を言ってぜんぜん違った感じになるかのどちらかを選ぶなら、まちがうほうを選んでしまう。でも私の場合はじぶんの考えで構わないと思ったんですよね。社会性を身につけるという意味ではもしかして誤学習だったかもしれないと、いまでは思っています。でも、思うままに行動したら正解したことが多かったんです。そういう感じだったので、授業中は目立っていましたが、放課後になるとひとりぼっちでポツンとしていました。

中学生のときから、受動的な人生を生きてきた

優等生扱いなので、いじめは受けなかったんですけど、紙一重だったかもなと思うこともあります。逆にいじめの解決を一生懸命にしていました。身の危険を考えていなかったんだと思いますけど、マイペースで。クラスに小柄で皆より言動が幼い感じの男の子がいて、先生の質問に答えられなくて、きついことを言われると激しく反応していて、スケープゴートになりました。まわりから、この子には強く当たっていいと思われてしまったんです。私は学級会で、「これはいじめにつながってしまう」と問題提起して、事態は解決に向かいました。そうしたら、みんなが苦手にしていた意地悪な女の子もなんとかしてくれ、という風向きになってしまい、あまり気が進まなかったのですが、学級会でその子の言動について問題

提起したんです。そうしたら、ふだんは威勢が良かったのに、その子はその会のあいだずっと泣きじゃくっていて、その日のあとからは誰にもなにもしゃべらなくなりました。みんなが望むことに答えたつもりだったのに、人にとんでもない打撃を与えてしまうことがある、しかもみんなは責任を取ってくれないと知って、怖くなりました。

この件以降、優等生をやめたい、他人の思惑に左右されるのはもういやだ、ひとりで過ごしたいという気持ちが強まりました。それで、プレハブ小屋や物置きの販売・設置業者に関する折り込みチラシを取っておいて、よく眺めては、ひとり暮らしを想像して現実逃避していました。NHKの『みんなのうた』で流れていた「メトロポリタン美術館」って、大貫妙子が児童文学の『クローディアの秘密』（E・L・カニグズバーグ著）を霊感源にしたと言われていますが、この本を読んで、メトロポリタン美術館に泊まりこむヒロインに憧れました。ちなみに、その女の子はそのあと意地悪をしなくなりました。中学の終わり頃に話す機会がありましたが、あいかわらず毒舌だったので、なんだか安心したのを覚えています。

中学校になると、小学校よりは集団生活の要素が減って、そのぶん個々人の力量で人とつながって過ごすのが当然、という感じになりました。ひとりでいることで悪目立ちすることに気づいたので、どうしようかなと思っていると、私がひとりでいることを気にして、声をかけてくる女の子たちがいました。その流れに乗る、という感じで交流が始まりました。

でもグループの準メンバーという感じだったし、打ちとけることはありませんでした。その子たちのことは、友だちだとは思ってなくて、隠れ蓑《みの》みたいな感じでしかなくて、じぶんが心底思っていることを話して、わかりあえるとかではなかったんです。話をじっと聞いていることが多かった気がします。中学生の頃、人の悪口は言わないようにしようって決めて、その信念にこだわっていました。その部分は好かれたかもしれません。でも、じぶんのことをちゃんとわかってくれる人がいつまでも現れない人生は困るし、いつかは現れるんだろうという思いもありました。

その後の人との関わりもずっとそんな感じで、流れに乗っているだけという感じがあります。私は人生で何かを自発的にやったという感触がありません。受動的な人生を生きていて、集団の中で余計なことを感じないで過ごすためにスイッチを切って過ごしてきた感じというか。中二病的な感覚かもしれませんが、中学生のときに、これはほんとうの人生じゃないっていう思いもありました。

高校時代にイギリスのロックにハマる

高校は進学校で、最初の一学期くらい完全にひとりで過ごしていましたが、結局お昼を一緒に食べようって誘ってくれる子たちがいて、その子たちのグループと行動するようになりました。二学期頃にクラスを仕切っている雰囲気だけど、まわりから疎まれている男の子が、なにかのイベントで演説をして、「じつはうちのクラスには一学期にひとりきりで過ごしている人がいたんですよ。いまではそういう人はいません。まとまりのある素晴らしいクラスになりました」と言っていました。ひとりで過ごすことを悪いことのように言い、また状況が変わったのは彼の手柄でもないのに、まるでじぶんの実績のように語っていて、不快で屈辱的に感じました。

二年生のときは、タイプが違うふたりの女の子と三人組になりました。人とは違うっていう自意識を強烈に持っているけど、諦めた感じで過ごしている感じで私たちは共通していました。そういえば三人とも痩せていて身長が高めで背格好も似ていました。ひとりはクールな美少女タイプ。「クラスが変わったら、すふちゃんと仲良くなりたいと思ってたんだよね」って言っていましたが、その言い方から「無理して友だち作りをしている」様子を感じて、「本心から仲良くなりたいんじゃないな」って思ったんですね。その子には一年の頃から彼氏がいて、ふたりで一緒に行動していることが多かったから、女の子同士でどっぷりのつきあいはできない。それでひとりぼっちの私が手頃だと思って、声をかけてきたんだと考えていました。

もうひとりはいつもおもしろいことを言って笑わせてくれる子でした。思いがけない視点からニヤリとさせることを言うのがうまくて、観察眼があるところに私は感心していました。いまから思うと、ふたりとも発達障害っぽいところがあった気もするんです。私は遠慮してしまって、ふたりのことを深掘りせずにいて、浅いつきあいで終わりましたが、それはもったいなかったなって思うところもあります。

高校生くらいから言葉がうまく出なくなったことも、つらかったです。考えるのと話すのを同時にするのが難しくなりました。その状態で人と話すと、意図が正確に伝わるようには話せなくて、後から悔やむばかりなので、話すことをできるだけ避けるようになりました。もともとは口達者で、空気が読めない特性をカバーできていたんですけど、たぶん強迫症や鬱の症状が出始めたのかなと思っています。

でも高校時代にはとてもいいこともあったんです。当時のイギリスのインディーズやオルタナティブのロックやポップミュージックに傾倒するようになって、世界観が変わりました。派手な外見やポーズで反抗を示す人たち、ヤンキーっぽいっていうか、ぎらついた印象の人たちが好みでなくて。メイクなんかはせずに、一見すると逸脱しないふつうの外見をしているけれど、独自の視点を持って表現や言動が変わっているタイプのバンドです。「ふつうの格好で変なことをする人たち」を好みました。そういえば小学生のとき、本を読むのが大好きだったので、物語のパターンをたくさん知って、クラスの演劇で台本を作る担当になったんです。いままでにないタイプの新しい物語を作ろうと思って、そのときの気分もその種のロックに通じる気がします。この趣味ができて、周囲に対する関心が低くても安心できるようになりました。私は周囲の人に憧れないんです。海の向こうのミュージシャンが基準ですから、まわりに合わせて「擬態」しようという気になりません。

その音楽の趣味はずっと続いています。なにかを聴いていると、その周辺の音源や情報も掘ってしまって終わりが来ない。もともとマッチョなものが嫌いで、いまでいう「陰キャ」な人たちが八〇年代に支持していたものが好きでした。将来ひとりで私の生き方を守っていくのは難しい気がしていたけれど、じぶんの思うとおりのやり方で音楽をやってる人がいるという事実が私を勇気づけてくれた面があるかもしれません。じぶんはずっとこんな感じでやっていくんだという基盤ができました。私は人生の選択が早いんです。子どもを持たないことは、一〇歳のときに決めましたから。

大学に入って、就職活動を始めた頃から歯車が狂う

大学に入ったあとは、厳しい実家を出られて、ひとり暮らしになりました。当初、人と関

わらずに過ごしていましたが、学籍番号の近い男の子が「友だちからよろしくお願いします」って交流を申しこんできて、それからずっと一緒に行動するようになってしまいました。戸惑いつつも、試験前にノートを交換できたりしたのは助かりました。まわりからはカップルに見えて声をかけづらい雰囲気になっていたと思います。ある日、その男の子が「きみの気持ちがわからない、どういうつもりなのかわからない」って泣きだしてしまって、「それならつきあうということでいいですよ」と言って、男女交際をすることになりました。

つきあっていても「擬態」らしいことはなにもしなくて、お弁当を作ってあげるということもなかったし、イベントのときにプレゼントを贈ってくれようとするんですけど、私は「いま欲しいものは?」と聞かれると、意図がわからずに「いまは入浴剤が欲しい」と答えたりしていました。彼は私にふつうの女の子が好むようなブランドものなんかを贈ってあげたいと思ってるんですね。私にはそれがピンとこない。でも、そんなじぶんがおかしいとは思わずに、素のじぶんのままでいました。

就職活動を始めた頃から、歯車が狂いました。大学側から勧められた自己分析をやってみると、じぶんの長所が何も思いつかず、私にはダメなところしかないんだと落ちこんでしまって。しばらくすると鬱を発症して苦しみました。実家からは、卒業後に戻ることを期待されていましたが、私は絶対に嫌で、プレッシャーと恐怖心が強くありました。授業に出ることができなくなって、留年もして、体重をかなり落としました。恋人は就活をドッカリとやっていて、動けない私に「将来どうするんだ、ちゃんとしないと」などといろいろ言ってくるから「別れよう」と言ったら、嫌だとまた泣かれて。彼との関わりがしんどくなったんですけど、家のまえで待ちぶせされたりして、困りました。

大学は留年しましたが、授業の数が少ないので、契約社員として働きながら卒業しました。それでも社会人はなかなかたいへんで、働くことに没頭していきました。その後は数回、適応障害や体のほうの病気を発症して、退社を繰りかえしましたが、現在に至るまで断続的に働きつづけられています。

姑は私を凌駕するくらい自閉スペクトラム症

新たに知りあった男性と二〇代のうちに結婚しましたが、私とは興味関心や物事の感じ方は違っている人で、いわゆるソウルメイト的な人物ではないと思っています。似ていないために、関わりやすい相手だとも感じるのですが。発達障害者の女性は姑《しゅうとめ》との関係で「擬態」を覚える人もいると聞きました。でも私の姑は、私を凌駕するくらい自閉スペクトラム症の特性が濃厚な人なんです。そういう人のもとで育ったので、夫は私に違和感を持っていないのかもしれません。姑は育った時代的に自閉スペクトラム症の自認はありません。裏表がない性質は接しやすいのですが、とても独特なのに「じぶんはふつうで常識的だ」と思いこんで振るまっているところと距離感が近すぎる面が苦手で、いまでは最小限の対応しかしなくなっています。

会社で働いていると、一瞬で私が「ふつうと違う人だ」と見抜かれることが多いです。たとえば会社のほかの部署のかたと一緒に仕事をすることになったので、私としてはふつうに友好的に挨拶したつもりが、すぐに「この人は丁重に扱わなくて良いな」というモードを発動されてしまって、びっくりします。「人外」としてカテゴライズされる感じです。

お昼休みに一緒のエレベーターに乗りあわせた人から「お食事は外にいくんですか」と尋ねられると、「外」の範囲がよくわからなくて、あれこれ考えこんでしまいます。相手は「この人は何かおかしい」と感じて、それからは態度が変わってしまいます。

それでも働いていると、まわりとのギャップでじぶんの個性が浮き彫りになり、環境や担当業務が合っている時にはじぶんの持ち味（探究心や情報の正確な扱いなど）を活かせることがありそれは嬉しいです。いまはＩＴ系企業で働いています。

「擬態」は特権意識をくすぐるかもしれない

九年前に自閉スペクトラム症の診断を受けました。じつは大学生のときに、じぶんは自閉症じゃないかなと思って、ドナ・ウィリアムズの『自閉症だったわたしへ』を読んだのですけど、じぶんとは違うな、関係ないなって思ったんです。自閉スペクトラム症の多様性がわかってなかったんですね。

とにかく私には、無理に「擬態」をして、誰かと一緒になにかをやりたいという欲求がありません。自閉の度合いが強いと思うんです。ジャン＝ポール・サルトルが言った「地獄とは他人のことだ」という言葉に完全に共感します。

私は子どもの頃から、友だち付きあいのコミュニティにちゃんと属することができなかったし、いまもできずにいます。学校生活のなかで消極的に関わった子たちは、いま思うと「定型ルール」を振りかざさない子たちで、発達障害者にとって関わりやすいタイプだったと思います。そういう環境で、いつも素のままでポツンとしていました。いつだって、社会に属せていないと感じています。属していなければ「擬態」の必要性はないんです。ほかの当事者から「『擬態』しながら生きてきた」と聞くと、「この人たちは社会に属していたんだ……」という疎外感を感じるほどです。

「擬態」って発達障害でない人もしているんじゃないかなと思うところもあります。発達障害の「擬態」とそれ以外の「擬態」の境界は曖昧だと思います。あと、これもロック的な反抗心かもしれないですが、発達界隈には「擬態」の概念を知って、「これぞ私」と熱心に語っている人が多くて、引いちゃったんですね。また、「HSP」（ハイリー・センシティブ・パーソン。とりわけ繊細な人）とか「ギフテッド」（特別な才能に恵まれた人）もそうですけれど、「擬態」も特権意識をくすぐるかもしれないって思ってます。「擬態」は一定程度の知性がないとできないですよね。一定以上のメタ認知能力のある人だけが「擬態」できるはずです。ですから、「じぶんは『擬態』で苦労している」という言説が自慢げで苦手なんです。

すふさんに関する注釈

すふさんが「擬態する才能なしに生まれてきた」と語るとき、私はすふさんが「擬態」の名人だと思っていたので、奇異の念に打たれた。すふさんは美貌にも聡明さにも恵まれているから、多くの男を夢中にさせてきたのではないかと思う。その外見と知性がハイレベルだという印象から、「魅力的な美人の女性」として、つまり「自閉スペクトラム症っぽく見えない人」として「擬態」に成功してきたのだろうと想像していたのだ。

しかし、実際にはそうではなかった。すふさんの自閉の度合いは高い。子どもを持たないことを、すでに一〇歳の時点で決めていたと語るほどだ。Xをやっていて、発達仲間が発信してきたメッセージのうち、私がいちばん感動したのは、すふさんが二〇二二年六月七日に投稿したものだ。「自閉というのは魂の在り方に関わることだ。だからたやすく『もっとこうすればいいのに』などと言ってほしくない」。私は同じ自閉スペクトラム症者として、この意見に一〇〇%同意したい。

すふさんは、勉強の際に筋道が通った説明でないと頭に入りにくかったと語っていた。読者は誰でもそうだと思うかもしれないが、これは正確には、切れ目や省略なく説明されないと、頭に入りにくかった、と言いたいのだと思われる。定型発達者と自閉スペクトラム症の体験世界には大きな質的差異があるから、定型発達者が「これは省略しても、常識として理解できるだろう」と判断した内容は、定型発達者同士ではスムーズに受容されるのに、自閉スペクトラム症者には届かない、ということがよく起こる。

算数の授業で、誰も答えられなかった問題に対して、ほかの生徒がつぎつぎに口にしたのとは異質な解答を出すことで正解に至った、というのも、いかにも自閉スペクトラム症の子どもにありそうな逸話と言える。定型発達者が互いの顔色をうかがいながら、無難そうな解答を口にしあっているなかで、ヒョイっと文脈から離脱して、華麗にゴールを決めていく。まわりでうごめく個体の顔色が気になって何もできないペンギンの群れのなかから、起業家のごとく勇気を持って海中に飛びこんでいく個体が現れると、それを「ファーストペンギン」と呼ぶが、その「ファーストペンギン」としての素質を自閉スペクトラム症者は持ちあわせている。自閉スペクトラム症と言えば、ＫＹ（空気が読めない）が代名詞である一方、天才的な閃《ひらめ》きを爆発させる当事者がしばしば話題になるが、両方の事態は等しく「定型発達者と感受性を共有していないために、彼らの構築した常識や折りあいや文脈からきわめて自由」という点にあるのだ。

生まれ育った家でクセの強い親の顔色を見て「擬態」しなければならなかったことが、学校生活で親に似た教師の心理を洞察することに結びついた。この過程に私は大いに感銘を受けてしまう。私も親や教師などまわりの人にいる人たちに脅かされ、苦悩するなかで、彼らの言動を分析して、内蔵された感情と思考の論理を洞察するようになっていった。繰りかえしになるけれども、自閉スペクトラム症があると、人の気持ちがわからないという通念は、まちがっている。細かな観察に頼り、人間の言動の内蔵回路に関する実践的データを大量に集めることによって、かなり的確に人の心を見抜くことができるようになる。自閉スペクトラム症者の代表的な存在と言って良いテンプル・グランディンが自身を「火星の人類学者」と呼んだのは、まさにこのような学習過程があってのことだ。

授業中は目立っていても、放課後にひとりぼっちだったすふさん。中学時代に、友だちの輪のなかにいても、彼女たちを友だちと感じられず、「これはほんとうの人生じゃない」と感じていたすふさん。受動的な人生を送っていると感じ、大学生になって恋人ができても、「かわいらしい恋人」に「擬態」できず、現在の夫も魂のレベルで結ばれているとは感じられないすふさん。「地獄とは他人のことだ」という格言を真理として支持するすふさん。ここには、自閉スペクトラム症者たちが人生で体験する絶対的な孤独、周囲にどれだけ人がいても心が通いあう感覚を得られないという孤独が克明に現れている。

その背景のひとつは、自閉スペクトラム症者の感覚や認識の解像度が定型発達者よりも一般に高い、ということにあるだろう。定型発達者の耳が気にならない程度の騒音に私たちは悩まされる。定型発達者がどうとも思わない食べ物や飲み物の味が、私たちには雑然とした不快なものとなる。定型発達者が些細なことと感じる微妙な色調の差異を私たちは人生の重大事と考え、こちらの青色は絶対に許せないし、なにがなんでもあちら側の青色でないと認められない、と声を荒げたりする。実際、すふさんはドナ・ウィリアムズの本を読んでも、じぶんが同じ種類の当事者とは気づけなかったと語っていた。全体としては似ているはずなのに、共通点よりも相違点が気になってしまい、似ていると認識できないのだ。そのような解像度の高さゆえに、すふさんは「同類」のはずの自閉スペクトラム症者たちにもじぶんと同質的な当事者性を発見することができず、苦しんでいる。

すふさんは高校生くらいから二次障害を罹患し、言葉がうまく出なくなったと語っていた。二次障害も「擬態」の問題と深く関わっている。「擬態」することによって心が壊れることを防止できるのだが、「擬態」をすることによって本来のじぶんを見失い、心が壊れていく。そこにはすふさんのじぶんを律したいという厳しさがあったのだろう。すふさんは「擬態」は発達障害に特有の問題ではないと考えるし、「擬態」という言葉に飛びついて、じぶんを説明する最良の概念装置を見つけたと短絡する安易さを否定する。しかし、そのような厳しさには、すふさん自身を追いつめつづける面はないだろうか、と心が軋《きし》む。

私はすふさんになにか創作をしてもらえたら良いのではと思っている。表現手段はなんでも良い。小学生のとき、メトロポリタン美術館に泊まりこむヒロインに憧れたという思い出や、イギリスのロックにはまり、海の向こうのミュージシャンが基準だから、まわりに合わせて「擬態」しようという気にならなかったというすふさんの回想は魅力的だった。すふさんは高校二年生のとき、タイプが違うふたりの女の子と三人組になったこと、おそらく彼女たちも発達障害の特性が強かったものの、交流が深まらないままだったことについて惜しんでいた。彼女たちと、もしかしたら別の歩みもあったかもしれないと空想の翼を羽ばたかせ、パラレルワールドの物語、別の世界線の物語を作りだしたら、そこからは魅力的な情景が立ちあがるのではないだろうか。

第8章

「擬態」は抑圧だと思っています。じぶんを抑えながら、死んだような気持ちになって仕事をしていました。

——きいちゃんへのインタビュー

じぶんの人生なのに受動的な感じがするんです

僕は長崎市出身で、ちょうど五〇になりました。マコトさんは、ぜんぜんそんな年齢に見えないって言ってくれますけど、心が年齢に追いつけないです。診断されているのは、自閉スペクトラム症とＡＤＨＤです。父は歯科医師で、身勝手で横暴で、気に食わないことがあると、なにか精神疾患があるのではと面食らうほど暴言を吐く人でした。母は事務員として父の仕事を手伝っていて、父には逆らわない人です。二つ下の弟と六つ下の妹がいますが、僕と違って普通の人です。僕は「擬態」を、仲間外れにされないようにやるものだと思っています。

保育園に通っていましたが、最初の記憶は、シャボン玉を吹き方がわからなくて、飲みこんでしまったことです。いじめっ子に転ばされて、ケガをしたのを覚えています。なんとなくまわりに溶けこめていない感じがありました。好きなことはとくになくて、ずっとぼうっとしていた気がします。もう「擬態」はしていて、ありのままのじぶんを出すとまずいという感じが、ありました。すごく小さいときは、おとなの前で歌ったりしてたけど、そんなに大きくならないうちに、怖くなってしまったっていうか。

勉強しなさいとうるさく言われた覚えがあります。私立の小学校に入って、最初は女子と共学のところだったんですけど、途中で男子校に変わりました。先生の指示がよくわからなかった感じがするんですよね。教科書を忘れた子のために、隣だから見せてあげてって言われても、意味がわからなくて戸惑っていたら、「ケチだね」って非難されました。指示と異なるやり方をして叱られたり、非常ドアが通路だと思って、一生懸命開けようとして困ったり。泣いてたら人前で泣くなって母親から怒られて、それはよく覚えてますね。思うままに行動したらいけないんだって思いました。

誰かについていくばっかりで、じぶんが主導するというのはぜんぜんなかったです。女子のほうが話しやすくて、一緒に遊んだりしていたんです。でもからかわれて、遊ぶのをやめた記憶があります。得意な科目は国語と英語でした。本は、読む人ほどは読みませんでした。いまでも本って、読めるモードでないと読めない感じがあります。クラブ活動はラグビー部に入りましたが、「公文」に入るからやめてしまいました。

中学はエスカレーター式のところです。勉強は嫌いでなく、成績もトップクラス近くのままあいいあたりでした。でも自信はなかったです。軟式テニス部に入って、まじめに練習してたけど、ぜんぜん上達しなくて、挫折のようなものを味わいました。友だちは音楽好きな人が多かったので、じぶんもあれこれ聴いてみたけど、いま音楽を必要としてないってことは、そんなに好きでもなかったんだろうなって思います。将来の夢もなかったです。将来への想像ができませんでした。親はじぶんと同じく歯科医にさせたかったことは後から分かったのですが、親がやってるからじぶんもやるっていう感覚は、よくわからなかったです。

高校は受験して、公立に入りました。家からちょっと遠めの田舎まで通うことになりました。高校に入って、まわりから変だって言われるようになりました。主体的になれないっていうか、その感覚がずっとあって、それに気づいた時期です。共学になったので、女性がいるのが怖かったですね。いじめなのかもしれないけど、男子生徒からもからかわれたりっていうことが起こるようになって、悶々《もんもん》と悩んで生きてたような気がします。たまたま登山部に誘われましたが、運動をやってすっきりできるのはありがたかったです。勉強に関しては、数学や物理や歴史ができなくて、英語と国語のほかは赤点以下か赤点付近でした。レンタルCDショップで洋楽を聴いたりはしたけれど、どんな音楽を聴いたかは覚えてもいないくらいです。

大学で福祉を学び、地元の作業所で働くも退職

愛知県の大学を受験して、福祉を学びましたが。福祉に対するイメージもなく、最後まで興味を持てないまま卒業しました。「アウトドアライフ研究会」というサークルに入って、

それは楽しかったです。名前は変わってますけど、まじめな活動をしていて、有名な山に登ったり、舞鶴から明石まで何日かに分けて踏破したり。そのサークルで、人生で初めて「楽しいな」って思いました。じぶんを出してもいいんだなって思ったんです。それまではふつうに笑うのも難しかったです。配膳のアルバイトを少しだけやったけど、怒られて嫌になってやめました。一年留年したけど、初めて恋人ができた。単位取得のために子ども向けの施設にボランティアをしにいったんですが、福祉系の専門学校に通っている女性と出会って、恋人同士になったんです。恋愛をしていると、とりわけ「擬態」をするのは難しいと感じました。ドライブに行っても、疲れて昼寝のため休憩して、「楽しくないからでしょ」となじられました。僕としては疲れやすいだけなんですけど。ダメ出しをたくさんされて、数ヶ月の交際で関係は終わりました。

卒業後は、愛知でしばらく公務員試験の勉強をしていたけど、合格しなかったので、長崎に戻って、実家の近くに住むようになりました。市内では求人が少なかったので、五島列島に行ったんです。知的障害のかたと一緒に農作業やったりする施設に、指導員として務めました。働いていると、怒られることが多かったです。経営者に逮捕歴があるような良い施設とは言えないところで、職員がどんどん入れかわっていました。2年くらいそうやって過ごしたんですけど、窃盗という言葉を出さず謝るように仕向けられ、結果辞めるように言われて従いました。施設に残っていた職員から、窃盗をしたという形になっていると聞かされ、ハメられたのだと思いました。僕自身にはまったく覚えがなく、疑われるような行為すらしたことがなく、周囲の人も違うと思っていたのにです。長崎市内に戻って、二年ほど知的障害のかたの作業所に、やはり指導員として務めてたんですけど、夜勤の仕事を継続してやるように求められましたが、居眠り運転してしまうことがあるので断ったら「もう来なくていい」とクビにされました。失敗も多くて、職場の車を駐車場に一日停めて、二万円払うことになったりしました。じぶんの行動のぜんぶにストッパーをかけるイメージで、「擬態」していました。

どうしたものかと思ってたら、作業療法士の補助の仕事が一年間限定で出ていて、そこで働きました。そのあとは専門学校に通いはじめました。三年間通って、作業療法士の資格を取ったら、正社員としての就職がありました。そこで働くうちに、人の話を聞くことへのこだわりがあると気づきました。じぶんが聞いてもらえなくて、満たされてなかったので、熱心になったんじゃないかって思っています。七、八年働きましたが、パワハラがきっかけで感覚過敏がひどくなったり、気分変調症を罹患したりして、ドクターストップを受けて、休職をしました。四〇歳過ぎのことでした。九ヶ月間、休職できる期限ギリギリまで休んで、そのまま退職しました。

手帳を取得して、対話の会を主宰するように

現在は障害者手帳を取得して、ホームヘルパーさんに来てもらっています。じぶんの感覚過敏に気づいて、色付きのメガネをかけて生活するようになりました。ツイッターを始めて、発達障害に関する情報収集を始めました。読めるときは本を読むようになりましたが、たくさん読めるわけではないです。好きなものがはっきりするようになりました。コーヒーをじっくり淹れて楽しんでいます。カメラ撮影をやるようになり、一時はプロになりたかったですが、思っているほど評価されず、やめてしまいました。

「擬態」は抑圧だと思っています。じぶんを抑えながら、死んだような気持ちになって仕事をしていました。子どもの頃からトラウマがあるような感じがしていましたが、休職して解放されるようになりました。ずっとスポーツをやって、体を動かしていたんですけど、それだって誰かから強く勧められたり、誘われたりとか、そういうことなので、じぶんの人生は受動的な感じがするんです。そういう「生きている」っていう感じを、長いあいだぜんぜん持てないまま生きていました。

じぶんには話を聞いてもらう価値がないと思ってたんだけど、この二、三年のうちにいろ

んな対話の実践会に参加するようになって、変わった人でも受け入れてもらえるところに行けばいいやって考えるようになりました。対話を重ねていると、じぶんのことがどんどん見えてくるし、発見がたくさんあって、楽しいって感じるんです。生きてるって感じがするんですよね。対話のおかげでじぶんの感情を表現できるようになった。だから、じぶんでも対話の会を主宰するようになりました。じぶんの見方が偏っているのを確認できて、視野を広げられると自由になっていくのにワクワクします。

きいちゃんに関する注釈

きいちゃんはじぶんが主導権を取った経験が少なく、じぶんの人生を受動的だと感じてきたと語る。この点ですふさんと同じだが、すふさんもきいちゃんも親の人格がかなり強烈だったことは見逃せない。自閉スペクトラム症はきわめて遺伝しやすいので、親も自閉スペクトラム症の特性が濃厚だった可能性が高い。そして、親がその事情について理解していれば、振るまいは適切なものになる可能性も出てくるのだけれど、そうでない場合は、世間とじぶんとの深刻なズレを解消できないまま子育てにあたることで、じぶんの生きづらさを子どもにぶつける人、いわゆる「毒親」になってしまう事例が多いと感じている。

自閉スペクトラム症の親子間で起こるこの不幸な軋轢《あつれき》は、私自身にもあった。私の母は非常に厳しい人で、子どもに対して肉体的暴力を振るうことにも熱心だった。体罰を奨励するカルト宗教に入信していたので、状況はなおさらひどいことになったのだが、そのような教義の宗教に入信したのも、もともと体罰に賛成する立場だったからだろう。自閉スペクトラム症の特性を持った親が子どもに厳しい態度を取ったり、荒れた言動を弄したりするのは、なによりも世間とじぶんのギャップに苦しみ、「世の中は厳しい」と感じ、絶望しているからにほかならない。その絶望を背景として、子どもがじぶんと同じように苦しまないようにと願い、過激なほど厳しく接するようになったり、あるいは子どもにも世間の厳しさを教えておいてやろうという邪悪な気持ちを抑えられなくなって、暴力的な言動をあらわにしたりするようになるのではないか。

きいちゃんは、小学生時代、女子のほうが話しやすくて、一緒に遊んだりしていたと言っていたが、これも男子といるほうがしっくりきたと語ったすふさんに重なっている。ふたりの感覚はよくわかる。私も人生のさまざまな場面で、男友だちよりも女友だちのほうが気楽だと感じたものだ。理由はかんたんで、同性間のほうが同調圧力が働きやすいからだ。自閉スペクトラム症があると、定型発達者の同調圧力に巻きこまれにくい、つまりうまく同調していけないわけだから、自然に同性といるのを苦痛に感じ、異性といるのを気楽だと思うようになる。思うに、こうやって非常に多くの自閉スペクトラム症の女性が不当にも「男好き」だと、自閉スペクトラム症の男性が不当にも「女好き」だと、つまり性的な下心を持って異性と仲良くすることに熱心な人だと誤解されていると思われる。

きいちゃんは、主体的になれない感覚に高校のときに気づいた、スポーツをやっていたのにじぶんの人生が受動的な感じがして、「生きている」という感覚が長いあいだ持てなかったと語っていたが、この点も私とまったく同じだ。おそらくこれは、自閉スペクトラム症の特性を持って生きていることも、侵入性の高い親を持っていることも理由となって起こった「逆境的小児期体験」に由来する「学習性無力感」の現れだろう。かつて心理学者のマーティン・セリグマンたちが犬を使った実験をして、どう行動しても電撃を受けるようにしたら、犬たちにはやがて何をやっても無駄だという認知が形成され、鬱状態に苦しむようになって、逃げられる状況でも逃走を試みなくなったという結果を得た。動物に対する倫理が高まった現在では実施不可能な実験だが、まさにこの「学習性無力感」によって多くの発達障害者が苦しんでいる。

きいちゃんは、「擬態」とは仲間外れにされないためにやるものだと思っている、と語っていた。幼稚園の頃すでに、ありのままのじぶんを出すとまずいと感じていた。「擬態」は抑圧だとも語る。きいちゃんの語りはざわざわと胸苦しくさせられるような気分になるもので、その人生の苦難がよく偲《しの》ばれるし、「擬態」に「生存戦略」といった明るさを伴った要素がないことを伝えている点で、当事者のリアルな体験世界をよく映しだしている。じぶんを抑えながら、「死んだような気持ちになって」仕事をしていたとも語る。仕事をやめることで、その死の世界を抜けだした。このような悲しい「擬態」があることを、多くの人に知ってもらえたら、と思う。

逆境的小児期体験によって深刻なトラウマを負い、学習性無力感に囚われた人は、非常に疲れやすいことが知られている。きいちゃんがデートをしていても疲れやすく、相手からよく非難されたというのは、私にも経験のあることだ。心が一度ボキリとへし折られているから、意欲的にバリバリやるという元気が湧いてこない。何をやっていても、「結局はムダだ」という観念に圧倒され、まともに続けられなくなる。きいちゃんも私もそのような局面を無数に体験してきた。

働いていて叱られることが多かったというのは、発達障害者によくあることだ。感じ方が定型発達者とだいぶ異なるわけだから、「常識」が違ってくる。外国人労働者だったら、配慮してもらえる面があるだろうけれど、私たちの場合は「同じ日本人」と見なされることによって、「常識のない人」と決めつけられてしまう。窃盗の嫌疑をかけられて退職を強いられたことや、難しい作業療法士の資格を取得して、正社員として雇用されたのに、離職せざるを得なかったことも、多くの発達障害者が見舞われている運命の一例とはいえ、聞いていて胸苦しくなる。

現在は、自閉スペクトラム症者としての特殊な感覚に気づいて、色付きのメガネをかけて生活するようになったことを語っていた。きいちゃんは顔立ちも整っているし、若々しくて三〇代前半の人のように見えるので、色付きのメガネをかけた姿は、なんだか芸能人のような印象をもたらしている。コーヒーをじっくり淹れて楽しんでいるという姿が映像のように脳裏に浮かんできて、胸が熱くなる。

きいちゃんは将来の夢がなかった少年時代を過ごしたものの、労働するなかで、人の話を聞くことに熱心になっていった。じぶんが聞いてもらえなくて、満たされてなかった思いが溜まり、生きづらさを抱えた人たちと対話する活動につながった。対話が楽しい、生きているという感じがするというきいちゃんに、「対話仲間」の私も励まされる。きいちゃんにインタビューをしてみると、茫洋《ぼうよう》とした不安に彩られた人生を経てきたということで、対話の能力がどんなものかわからない、と読者のみなさんは感じるのではないだろうか。私はきいちゃんの対話能力が非常に高いことを知っているので、みなさんがどこかできいちゃんと出会って、ぜひ対話してくださるとうれしいと思っている。

第9章

私の当事者性は、日本の女性で、就職氷河期世代で少し発達障害者というところにあります、たぶん。

──大井さんへのインタビュー

バスで通っていた幼稚園まで歩いていく

私の年齢は、マコトさんが三一歳だとしたら、三六歳です。えっ、マコトさんは三一歳じゃないって？　それはわかってますよ。マコトさんは四四歳です。五歳差ってことかって？　違います、そのくらいの比率ってことです。発達障害者の精神年齢は実年齢の七割って言われてるでしょ。えっ、マコトさんは四三歳なんですか。えっ、六二の七がけが約四三だから、六二歳くらいってことかって？　違います。実年齢の七がけが三六歳ってことです。つまり私は五〇代前半です。わかりにくくて、すみませんでした。年若く思われたくて。

診断名ですか？　未診断です！　マコトさんが自助グループで私と最初に話したときに、「ああ、ADHDの特徴がよく出てますね」っておっしゃったんですよ。それで「ああ、そうなんだ」って思いました。自助グループでは、ADHDと診断された人とたくさん話す機会があって、「ほんとだ、私にそっくりだな」って思いました、はい！

私は東海地方の出身です。お母さんは優しくまじめで立派な人で、父は良い人だけど、繊細だからか怒りっぽかったですね。私に対しては怒りませんでしたけど。兄がひとりいて、三歳上です。すごく変わっていて、大っ嫌いだし、いまは絶縁しています。

「擬態」をしてきたっていう思いはありません。いわゆるガールズトークは合わないなっていつも思っていたけど、「擬態」というのは意識したことはなかった。えっ、今回のインタビューはそういう人も歓迎ということでしたよね。そうですよね？ 私が子どもの頃、発達障害は流行《はや》っていなかったですからね、知識はほとんどありません。いまでもマコトさんがツイートしたり、出演した動画を見たりして学んでいる程度です。

小さい頃から家族で社宅に住んでいて、母は専業主婦で、働いていませんでした。母は私を、社宅の目の前にある保育園に入れたかったけど、母親が働いているのが入園の条件だったので、ダメだったそうです。それでバスで幼稚園に通っていました。べつにふつうの子どもでしたよ。なにも問題なかったです。あるとき、近い年頃の友だちと遊ぼうって言って、幼稚園までずーっと歩いていって、遊んだことがあります。先生たちはびっくりしていましたね。落ちこんだりした記憶とかは、ないです。

変わってる子だと言われても、気にならず

小学校は九クラスあるところでした。マンモスみたいな学校。時代ですね。勉強はふつうにできました。テレビ番組の『銀河鉄道９９９』が好きでした。でもヒロインのメーテルは人間なのか機械化人なのかはっきりわからなくて、苦手でした。曖昧なものが苦手なんです。

はっきりしてほしかった。メーテルにもご事情があったのかもしれませんけれども。

ちなみにそのあと、特別にマンガやアニメが好きになったということはありません。ほかにも趣味らしい趣味は、ずっとないままです。やるべき義務だけ必死にやったら、あとは余力なく何もできなかったのかもしれません。それか、好きなものを手に入れるやり方がわからないだけかもしれません。

なにかのイベントのときに、トイレに行くタイミングがわからなくて、お漏らししたことがあります。保健室の先生が新しいパンツをくれて、母は私のお漏らしを怒るでもなく、「パンツをもらえて良かったね、良かったね」って言っていました。

生徒の数が多いから、先生から「勝手なことをするな」とか「言ったようにやれ」ってよく叱られたのを覚えています。恨んでるわけではないけど、あれはまずい教育だったよなっていまでは思います。よく変わってる子だって言われてたけど、とくに気にならなかったですね。

三年生のときに転勤して、関西に来ました。引っ越したあとも社宅です、和室に兄とふたり布団を敷いて寝ました。すぐ横に兄が寝ていました。それで性暴力を受けるようになったんです。あいつはおかしいヤツなんです。犯罪者です。勉強はできたヤツなんですよ。ですから「実験」だったんだと思います。私のなかにいろんな異物を、懐中電灯で照らしながら、入れたりされました。私は怖くて、いつも死んだふりをしていました。凍っていました。

小学校でいじめは受けなかったです。小学五年のとき、クラスに大きな女子グループがふたつあって、そのどちらにも私と、私が以前から仲良くしていたH子ちゃんは入れませんでした。どっちのグループもいじめをやってたんです。いじめたときでも、歯を食いしばってる顔が嫌いだから、口は半開きにしとけ！　なんて威張ってるいじめっ子がいた。そういう人たちと、合わないいなってことですね。H子ちゃんとはいまでも仲良く旅行に行ったりします。

中学は公立で、勉強はふつう程度にできました。短いあいだですが、仲間外れにされたこともあります。小学校で体育ができなかったので、できるようになりたくて、いちばん活動熱心だったバスケ部に入りました。でも活躍はできなかったです。勝ち負けがわからなかった。「ボール欲しかったら、あげますよ」みたいな性格なんで、勝利への執着心がないって言われて、「そりゃないですよう」って思いました。でも努力はできるんですよ。根性はあるんです。心は鍛えられないけど、体は鍛えられるなって思いました。駅伝大会のとき、足の速い人たちを代表に選んだら、バスケ部のメンバーばかり選ばれて、私もそのひとりでした。それがささやかな自慢です。

高校は公立の進学校です。現代国語と公民が好きでしたね。大きな高校で、他人のことに興味ない人が多くて、トラブったことはありません。Hちゃんとはずっと一緒のままで、音楽部に入ったんですけど、世界がどよーんって暗かったんです。で、一ヶ月か二ヶ月かして、「やっぱり明るい世界がいいな」って思って、テニス部に移っちゃったんですね。Hちゃんを置きざりにして、悪かったなって思います。でもいま考えると、競技テニスも好きじゃなかったですね。打ちかえしにくい場所にわざと球を打ちこむスポーツでしょ。「なんでこんなことに一生懸命になんの?」って思ってました。私は相手の取りやすい箇所にボールをお互いに「ぽーん」「ぽーん」って打ちこんで、「うふふ」「あはは」って一緒に笑ったりしながら、楽しくテニスをしたかったです。

就職活動をせずに学園祭の準備に勤しむ

関西にある大学が、住んでいた県に新しく作ったキャンパスで、大学時代を過ごしました。指定校推薦で入りました。まじめですし、授業は楽しかったです。遊びほうけたりは、まーったくしませんでした。新設学部の一期生でしたから、私たちがこっちのキャンパスのための新しいバスケ・サークルを作って、交流戦で本部キャンパスのバスケ部に勝ったのを覚えています。このバスケ・サークルは、いまでも存続しているみたいなんです。

私が大学に入るときに、両親は社宅を出て、東海地方の海沿いの街にマイホームを買いました。最寄りの鉄道の駅は無人駅という田舎です。私は関西に住むようになったけど、お盆とか正月に家に帰って、夜に寝る時間になると、兄がやってきて、変わらず性暴力を受けていました。一〇年間くらいそういうことがあったことになります。

入居した学生寮の横にある学生食堂でアルバイトを募集していたので、まかない付きでご飯も食べられるし、「やったー」と思って、そこで働きました。学会が開かれるときは、給仕を手伝って、楽しかったです。あとは大学で早朝、掃除のバイトもしました。卒業後の春休みだけ、新聞配達のバイトをしました。とくになにかのトラブルになったことはないです。

二〇歳で、同じ寮に住む同級生と恋愛関係になりました。同じ建物に住んでるから入り浸りになって、ほぼ同棲状態でした。「ぼくは大井ちゃんの親よりも大井ちゃんのことに詳しい」なんて言っていて、「はいはい、そうですか」と聞き流してました。四年くらい付きあいましたっけね。困ったことはなにもありません。相手のほうが私に困ったんじゃないですか、ですって？　それはわかんないです、はっはっは。

卒業論文では女性学を勉強して、試問のときにお年寄りの男の先生が、「きみは結局、何を言いたいんだね」って追及してきて。答えようとしたら、指導教官の女の先生が「ここで討論しても」とか「がんばってますから、学生は」って言って庇《かば》ってくれて、私の卒論は人に伝わらない文章だったと思うんだけど、ぶじに卒業できました。

資格は中学高校の社会科の教師の免許を取ることができました。でも、学園祭の実行委員会の運営員をやっていて、三年生になっても就職活動をせずに、新入生歓迎会と秋の学園祭の準備にかまけていました。雑用をやるのが好きなんで、四年生になっても顔を出して、雑用を分担していました。それでも大学が斡旋《あっせん》してくれて、なんとか就職できた感じです。

最初の職場で初めていじめられて引きこもりになる

勤め先は不動産会社でした。当時のOLらしく、雑用係。いつもお茶汲みをして、観葉植物の葉っぱの埃を拭いたりとかする仕事。それで人生で初めて、いじめられました。女性の先輩に、「お湯を沸かして、お茶を入れて」って言われて、やっていると、「早くしなさい、早くしなさい」ってまくしたてられて、お茶ができたら、「こんなの薄いわ」って、バーンとやかんを倒されて、流しにやかんごとお茶を捨てられたんです。

新しくできた恋人は友だちの知りあいで、勤め先の会社が良かったので、ブランド力に目がくらんだのかもしれません。結婚してほしいって言われたけど、私が相手をそんなに好きでなくて、断ってしまいました。その職場で一生働いてくっていうつもりはなくて、結婚してやめたいって狙ってたんですけど、それもダメになりました。

就職から四年と半年くらいで心を病みました。バブルが弾けて、怒鳴り声がいつも周囲から聞こえてくるような時代です。人生に悩むようになって、ほかの社員の前で、「もうすぐ三〇歳なのに、結婚もできない、貯金もできない。これからどうやって生きていったらよいか」って弱音を吐いたら、「給料が安い」って批判をしたということにされ、「お茶汲みくらいしか、やってないくせに」って全員から疎まれるようになって、いじめられました。居心地が悪くって、心を病んで、私にとっては兄との問題よりつらかったくらいです。

実家に帰って、引きこもりになって、もう会社に戻れなくなりました。親が連絡してやめることになりましたが、「じぶんの力でうまくやめられなかった」「結局ひとりで何もできなかった」と親なしで何もできないじぶんに自己嫌悪して、悲しみに沈みました。適応障害の診断を受けて、二年引きこもりました。その街に住んだことがなかったから、友だちもいなかったんですが、会いに来てくれたりする人もいたのは、ホッとしました。

なんとか働けるようになって、工場勤務を考えたものの、鋼材の錬成はたいへんそうでした。それで「心のメンテナンスには、体のメンテナンスから」と思って、接骨院に勤めました。アルバイトとして五年働きました。同時に大学の心理学科に編入して通い、一九時から二四時にはスナックに勤務して、白血病の恋人と同棲して、看取るという経験もありました。

結婚したのは三五歳です。夫が患者として接骨院にやってきた人で、仲良くなりました。建設会社に勤務していて、向こうが三歳下です。夫は「宗教2世」で、母親を早くに亡くして、父親はべつの人と再婚して、夫は可愛がられなかったようです。夫が子どもの頃、父親がドライブしていて、ケンカになって途中で下ろされて放置されたことがあるって言っていました。そんな事情もあり、私は結婚したあとも、夫の家族とほとんど交流がありません。これはとってもラッキーだったと思います。子どもは娘がひとりいて、いま一七歳です。私には子育ては難しいと思い、保育士の勉強をして資格を取得しました。保育園に行ってほしかったので、働く必要がありました。

結婚後は、お年寄りのためのデイサービスで一〇年働きました。月曜から金曜、九時から五時まで働いて、非正規なので、時給は一〇〇〇円、ボーナスも昇給も退職金もなし。でも楽しかったから、いいです。いまは幼児教室の先生として、幼稚園にときどき教えに行っています。パネルを見せながら、あれこれと指導します。業務委託でやってるのですが、ここもちょっと合わないかなと思って、つぎを探しています。楽しく学べたらいいんですけど、学びたくない子に無理やりやらす感じになる場面もあって、つらかったです。学びは楽しくあるべきです。いま勉強嫌いにさせたら元も子もない。やはり集団指導の限界かも。特に特性のあるお子さんに対する無理解が気になります。

娘におかしいと言われて、自助グループに参加する

あれは五、六、七年前、ああ一〇年前か！　母が亡くなりました。ガンでした。介護職としての知識技術を総動員して、介護をやりました。もう手の施しようがないから病院を出させてもらって、家で看取りました。私のことをすごく愛してくれた母でした。

父はその二年後に亡くなりました。グループホームに入っていましたが、私の住所を書いたハガキを渡しておいたんです。そしたら私に「つらいよ、出たいよ」ってハガキで書いてきたんです。さみしかったんだと思います。父には母しかいませんでしたから。すぐ引きとりに行って、私の職場の隣の施設に入れ、ほぼ毎日会いに行きました。認知症になっていましたが、一週間前に発熱し、肺炎で「ピンピン、コロリ」と本人が望んだとおりの亡くなり方でした。コロナもそうかもしれませんが、肺炎やばいですよ、すぐ死にますよ。父も早くに親を亡くしたからか、家族は大切にしてくれました。繊細で世の中の不正に怒ったりしていましたが、やはり私を深く愛してくれましたから、一生懸命に介護しました。繊細でつい怒っちゃうところが私に似ていると思います。

両親のことは、言いすぎると自慢してるみたいになるので、親子関係が悪い人もいるから、

申し訳ないかなって悩んでしまいます。

遺産の整理をすることになって、最初の二、三年は兄がやると思っていたんですよ。でも、あいつ放置してたんです。それで私がやることになって、遺産分割協議書を書いて、ふたりでわけました。他県にも土地があって、それも相続しましたが、そこに叔母、つまり父の妹が過去に住んでいて、荷物が置いてあり、家・土地を贈与したいと言っても受けとりを拒否され、弁護士に相談したりしました。

捨て方のルールを守りながら、ちょっとずつ実家のゴミを減らして、のんびり気持ちの整理をやりました。喪の儀式ですね。ゆっくりやれて満足しています。私のランドセルや通信簿なんかも残してくれていたんで、「懐かしい、懐かしい」って思ったり、布団の隙間からヘソクリの一〇万円が出てきたときは、「ありがとうございます」って、もらっておくことにしました。一二月ごとに兄に報告していましたね。そのあいだの固定資産税とかは兄と私で折半です。

で、ぜんぶ片づけ終わったのが、父の死から八年後の去年（二〇二二年）。そして問題になるのが兄との確執です。「ついにこいつとは縁が切れる」って考えて、叔母の件で相談した弁護士に兄とのことを相談したんです。兄妹それぞれ現金一〇〇〇万円くらい相続できるけど、五〇〇万円はこちらによけい渡してほしい、そうでないと性犯罪を訴えるぞって兄に通告したんです。弁護士と会話した内容も添付しました。それで兄は、たぶん宗教者で厳格な妻にばれるのを怖がって、私は一五〇〇万円、兄は五〇〇〇万円相続することになりました。兄は性犯罪のことを「喜んでくれていると思っていた」なんて、不気味なことを言っていました。

子どものPTAも子ども会もなんとかこなせていて、私は元気です。マコトさんの自助グループに参加するようになったのは、子どもに「ママは人の気持ちがわかんない人だ」と言われたからです。「悪意がないのはわかるが、あなたはおかしい。障害があると思う。〇〇だから××というふうに普通の人は考えるんだよ」と子どもに教えてもらっています。本人はHSP（ハイリー・センシティブ・パーソン）で繊細なんだそうです。娘は厳しい進学校に通っていて、受験勉強みたいなハードな勉強を入学したときからやっているから、参っているのかもしれません。でも関係が険悪とかではないですよ。きのうは一緒に焼肉を食べに行きました。

私はたまたま恵まれていてズルいですよね。女性の自殺は他人事でないです。生活できないのは自己責任だけではないですよ。私の当事者性は、日本の女性で、就職氷河期世代で少し発達障害者というところにあります、たぶん。保育、教育、福祉、介護、看取りというケア関係の問題に、興味あります。

大井さんに関する注釈

ふだん大井さんと話していると、わーっとまくしたてるように話すので、ADHDの特徴がよく出ていると感じていた。私自身のしゃべり方を誇張すると、大井さんのようになると思った。それで初めてオンラインで会ったときに、私は「ああ、ADHDの特徴がよく出てますね」と口走ってしまったようだ。「ようだ」というのは、私自身はそのように言ったことを忘れていたからだ。自閉スペクトラム症の歯に衣着《きぬ》せない発言は、このように危なっかしい。大井さんが診断を受けていないのは想定外だった。

話し方もそうだけれど、大井さんの人生のもろもろの逸話について聞いていても、ADHD的な過集中の特性が感じられる。幼稚園児の頃に、はるばる幼稚園まで歩いていった、というのは典型的だ。辺境探検作家の高野秀行さんは、私の『みんな水の中——「発達障害」自助グループの文学研究者はどんな世界に棲んでいるか』（医学書院）に対する書評（長大なので「書論」という体裁だった）で、自閉スペクトラム症はSF的で、ADHDは落語的と書いてくれたのだけれど、大井さんの語りには、まさにその落語的なノリが横溢している。「メーテルにもご事情があったのかもしれませんけれども」の部分は、吹きだしてしまいそうになる。

他方で、自閉スペクトラム症の特性が感じられる部分もある。勝ち負けがわからず、球技をやっても「ボール欲しかったら、あげますよ」くらいの価値観だったというのは、自閉スペクトラム症的な浮世離れがよく出ている。大井さん自身はじぶんの当事者性を「日本の女性」「就職氷河期世代」「少し発達障害者」としてまとめていた。なるほど、かなり的確ではないだろうか。

大井さんは「よく変わってる子だって言われてたけど、とくに気にならなかった」と語っていた。「擬態」をしてきたという思いもないと話す。基本的な能力が高いし、勉強熱心だし、悪気のない人だということは明らかなので、学生時代までは「猶予期間」ということで、つまり定型発達者であれ、それなりに未熟なのが当たり前という状況で、許容されることが多かったのだろう。

それが、就職を機としてつまずいてしまう。社内でいじめを受け、心を病んで適応障害を診断された。発達障害者が人生のどの時点でつまずくかという問題はつねに興味深いテーマだが、本書で扱ってきた人々は、やはりしばしば社会人になって発達障害の問題に直面していた。私自身も部分的にはそうだ。私の場合には、幼稚園の頃から周囲との摩擦に困惑し、つねに発達障害に関わる困難を感じてきたものの、本格的に鬱状態になったのは、就職してからだった。「猶予期間」を過ぎれば、社会は異物を容赦なく排除しようとする。

大井さんが心を病んでいった時期は、バブルが弾けて、怒鳴り声がいつも周囲から聞こえてくるようになった時代と重なっていたという話だった。情景描写の鮮やかさが、心に迫ってくる。立ちなおっていく過程で、大学の心理学科に編入して通い、それが現在まで続く「保育、教育、福祉、介護、看取りというケア関係の問題」への関心を支えている。大井さんは「趣味らしい趣味は、ずっとないまま」と語っていたが、勉強することが実質的に趣味として機能してきたのだろう。

白血病の恋人と同棲し、看取った逸話はこれまでに聞いたことがなかったので、率直に驚いた。かなり凄絶な体験ではないか。そして凄絶と言えば、なんといっても長期にわたって実兄からの性暴力を受けていた点だ。ジガさんは姉から女同士の性暴力を受けていたと語っていたが、ごく一時期に留まった。もちろん「短い期間だからたいしたことはない」とは言えないわけだが、大井さんの場合は「一〇年間くらいそういうことがあったことになります」ということだから、被害の深刻度は想像を絶している。

今回のインタビューを聞いて、私はなぜ大井さんがこんな話し方をするのか、納得いくような気がした。娘さんからも「お母さんはいつも怒っているような話し方をする」と反発されていると聞いたことがある。私自身、大井さんはヒステリックだと感じて閉口した経験が何度かあった。大井さんとは、生まれつきのADHDに複雑性PTSDが併発することで、心が深く傷ついた女性なのではあるまいか。それで話し方が標準形から大きく離れてしまったのではないか。そして、それゆえに最初の職場で「異物」として排除されてしまった。発達障害者には、こんな悲しい苦難がつきまとってくる。

その大井さんが遺産の整理を経て、じぶんの人生を踏みにじった兄に一泡吹かせる展開は、まるでピカレスクロマン（悪漢小説）のようで、私たちの気持ちまで爽やかにしてくれる。大井さんが両親から深い愛情を受けたと強調していることは、私たちの心をさらに潤すだろう。大井さんは「私はたまたま恵まれていてズルいですよね」とすら言っていた。実際、読者は本書で発達障害者の親が頻繁に発達障害者だということ、そのことによって親子関係に深刻な軋轢《あつれき》が発生しやすいことを何度も見てきたはずだ。

私には大井さんの両親が、ほんとうにどれだけ善人だったのか想像がつかない。大井さんが、兄から暴行されつづけるなかで、家族関係の葛藤に苦しみ、両親を実際以上に善良で愛情深い人だったと認識しようと努めたのではという考えも頭をよぎる。しかし、その真実はどうでも良いことだ。大井さんは両親の死後、残された品々の整理を進めて、父の死からようやく八年後にすべてを終えたと言っていた。長い時間をかけて、両親の思い出に浸り、幸せなときを過ごした。その大井さんの姿を思うにつけ、私には大井さんに対する心からの尊敬の念が込みあげてくる。

第10章

みんなが顔色をうかがっているなかで先陣を切って飛びこんでいくのが好きなんです。

──しーやんへのインタビュー

いじめっ子をいじめていた子ども時代

僕は六〇代前半の男性で、大阪市在住です。発達特性についてわかってる人は、僕には自閉スペクトラム症の特性もADHDの特性も強烈にあるなってわかると思いますが、診断はおりていません。WAIS（発達障害の検査で受けることが多いウェクスラー成人知能検査のこと）ってどんなもんかなって思って、臨床心理士の検査を受けに行ったのですけど、生きづらさはまったくないので、検査結果を医師に回しても、診断は出せないだろうって言われました。あとは知能指数が高すぎるとも言われました。

「擬態」については、マコトさんがおっしゃるように「じぶんらしさを殺すこと」だと考えています。そもそも定型発達者はすんなり「擬態」できる人たちで、できない人が発達障害者として苦しんでいる人たちなんじゃないかなって思ってます。

体が大きいので、子どもの頃からいじめっ子を見つけては、「僕もいじめて〜」といじめっ子をいじめていました。一について話していたら、二、三を飛ばして四のことを考えてしまうというような「多動脳」です。つぎの、つぎの、つぎへ、と話が飛躍する。ぶっ飛んでいて宇宙人みたいって思われてましたね。

あっちこっちの友だちから遊びの誘いがあって、母親から「あんた友だち、どんだけおんねん」とツッコまれていました。蝉捕りに行って、とことん取りつづけ、一日で百匹以上を捕ったことがあったり、本屋さんに行って図鑑とか全集とか並びが乱れていると気になって、順番に並べなおしたりしていました。こういうのは自閉スペクトラム症の整頓癖ですよね。いまでもあらゆるものの置き場を決めていて、そうしないと落ちつきません。

僕が小学生のときは、バナナがまだ高級品でした。「一〇グラム一〇円」って書いてあるのを「一本一〇円」って錯覚して、購入しようとしたことがありました。店のおじさんは「どっから来てん!」と喜んで、ほんとに一本一〇円という破格の値段で売ってくれました。早とちりが強くて、一瞬で判断してしまう。思いこみがちょっと激しいところは治ってませんが、ぜんぶのことを鵜呑みにせずにじぶんで批判的な面から考えなくては、ってじぶんを成長させてきたつもりです。

手塚治虫先生とか、石森章太郎（のちの石ノ森章太郎）先生とか、松本零士先生とかのマンガがとても好きでした。とくに手塚先生です。手塚先生の作品って、よくメタモルフォーゼがテーマになってますね。あれの影響もあって、「擬態」って成長なんかなって考えこんでしまいます。フランツ・カフカの『変身』なんかもそうですね。メタモルフォーゼは本人にとっては、成長だと思っています。でも結果として、どうなるかは別。ほかの人にとっては、肯定的な意味あいを持つことも、否定的な意味あいを持つことはあると思います。

「出る杭は打たれる」には納得できない

僕が若い頃は、マンガ、コカ・コーラ、ジーパンが不良扱いされた時代でした。カウンターカルチャーというか、他人に流されない文化、「擬態」しないでいいっていう文化が、子どもの頃からずっと好きなんです。パンクとか、シンセサイザー音楽とか、ラップとか、世間ではまだ音楽として受けいれない風潮が強かったころから、応援していました。日本やったら「もっと個性的に」ってよく言われるのに、ほんとの個性を見せたら、「出る杭は打たれる」結果になってしまうことが多いでしょう。それには納得できていません。

僕は人の顔と名前が一致しにくくて、とくに女性に関してそうです。大学に通っていた頃のことですが、三年間も同じクラスだった女の子に声をかけられたのに、誰か認識できませんでした。社会に出たあとも、「えらい人」の顔と名前が一致しなくて、よく怪訝《けげん》な顔をされました。

一方で仕事は早くて、会社のミーティングで打ちあわせをしているときに、僕ひとりで作業をせっせと始めてしまって、「次回までに取りくむ課題」が決まったときには、もうそれが仕上がっていました。まわりから「さっき決まったのに、なんでもうできてんねん！」とびっくりされましたね。そんな調子で、会社では仕事は二人分、三人分をこなしました。ADHDの特性でバリバリやっていたことになります。

「擬態」をしないので、忖度《そんたく》もしません。妻は僕に「大阪で一番デリカシーがない」って言いますけどね。あと、イヤなこといろいろあったやろって、訊かれますやんか。でもイヤなことをすぐ忘れてしまうんですよ。隠しているわけやなくて。意識的にしてるわけやないんですけど、頭が勝手に忘れてくれる。それで生きづらさが、結局ずっとありません。これもADHDの「多動脳」のおかげかなって思ってます。

仕事では四〇代で役員になってから、キャリアコンサルタントの勉強を始めて、国家資格も取得しました。「指導はしない。管理はしない。会議には出ない。ただし相談には乗る」って宣言しました。人を育てるためには、指導や助言をしないほうが良いと思っていました。それは正しかったって、いまでも考えてます。じぶんの価値観を押しつけて人のモチベーションをあげようとしても、抑圧になることが多いですからね。スローステップの人を「できない人」とは見なさないようにしてます。

会社では僕、ほかの誰かができることをやるのが大嫌いというのもありました。社内で誰もでけへんってなったものを、するのが大好きやったんです。みんなが顔色をうかがっているなかで先陣を切って飛びこんでいくのが好きなんです。チャレンジしないで、後悔したくありません。

勤め先からどんどん退職者が出たとき、若手社員でリクルートチームを編成して、社員を採用するときに、会社の短所をはっきり伝えるようにしました。すると退職者は大きく減ったんですよ。聞いてたことと違うやんっていうのが、退職の大きな理由になってますから。新入社員が入社してから少なくとも一年は安心して働けるように、毎月一人ひとりとカウンセリングの時間を設けました。

ニューロダイバーシティは、全人類に関わること

子どもは女、女、男、男って四人できました。それぞれ発達障害の特性の強い子たちでしたけど、診断を受けたのはいちばん下の子だけです。その子も「薬は飲んでも飲まんでも一緒や」と言って、すぐに服薬しなくなりました。四人とももう親元を離れて元気に自活しています。

会社で役員として働いていくうち、社会や会社の抑圧を受けている社員たちに心を痛めるようになりました。発達特性があってもなくても、抑圧を受けると生きづらいんやって理解できました。長女が障害者教育を専攻していたので、その子が持っていた書籍を読んで勉強

しました。そして誰にでも発達特性があるんちゃうかなって実感しました。でも、そのなかでも生きづらい人と、生きづらくない人がいてます。なんでやろかって考えてたら、障害の社会モデルを知りました。発達特性は社会的環境要因。具体的には他者から抑圧を受けたときに、発達障害が発現するとわかりました。

妻が発達障害の診断を受けた息子のために、石橋尋志さんが主宰している「さかいハッタツ友の会」の自助会に行くようになったんです。石橋さんは当事者に「ああせえ、こうせえ」って言わない人で、そこが僕とまったく一緒でした。妻はもともと「やりたいようにさせてあげたら」っていう僕の考え方を、無責任やって反発していたんですけど、石橋さんが同じことを言ったら、すなおに聞いていました。それは石橋さんのエンパワメントがすごいからやなって思ったんです。

じぶんが暴走して対話をひったくる癖があるのを反省して、ブレスレットをするようになりました。見るたびに『西遊記』の孫悟空の頭のワッカを思いだすんです。悟空が悪いことしたら、あのワッカがしまって、懲らしめるでしょ。僕は対話をしているときにブレスレットを見ながら、また頭がぶっとんでたら、このブレスレットに懲らしめられるでって、じぶんを戒めています。

「さかいハッタツ友の会」には「当事者会」と「家族会」がありましたけど、家族とは別に当事者に圧を加える人たち、会社員や支援者が集まる場がありませんでしたので、「会社会」や「支援者会」を作りたいって思いました。それで二〇一九年に、「さかいハッタツ友の会」のなかに、「いきいきムーン」を立ちあげたんです。正式な名前は「企業におけるニューロダイバーシティ（脳の多様性）の理解と雇用促進」っていって、日本キャリア開発協会の承認も受けた研究会です。会社側や支援者側と当事者側をつなぐことに、ものすごい充実感を感じるようになって、六〇歳になったのをきっかけに会社を退職して、いまは「いきいきムーン」にほぼ専念しています。

なんで「いきいきムーン」かって言うと、定型発達者にも発達特性がありますから、ニューロダイバーシティっていうのは、全人類に関わることなんですね。すべての人から生きづらさをなくし、いきいき生きてほしいから、いきいきムーンなんです。

僕はパンクロックが大好きで、「いきいきムーン」を始めるまでは、二日に一回はライブハウスに通って、年間四〇〇組以上のミュージシャンを観ていました。インディーズにいる人たちって、発達特性の強い人が多いと感じたんですね。何も忖度せず、こだわりが強い。人からどう言われようと関係ない、じぶんのしたいことをする人たち。そんな人たちと関わっていたら、すごい気持ちいいんです。音楽のジャンルそのもの以上に、生き方がヘタな彼らに惹かれました。彼らの生き方って、ズルくないんです。すごく純粋。ライブが終わったあとも、会場にはゴミが落ちてなくてきれい。ものを置きっぱなしにしてても、何もなくならない。みんながこうなったらいいのにって思いました。

「支援」という言葉をなくしたい

ニューロダイバーシティっていう言葉を知ったのは、一〇年ちょっと前のことです。まだ発達障害という言葉すら知らなかった頃です。「アメリカのコンピューター業界に引き抜きに応じない人たちがいる。お金では動かない、それがニューロダイバーシティな人材」って書かれた記事を読んで、印象に残りました。「擬態」して要領よく生きる人と、「擬態」せず要領よく生きられない人がいる。マンガ、パンクロックの精神。時代に流されない人が好きだなって思っていて、それはずっと変わりません。

僕はキャリアコンサルトですけど、この仕事っていうのは、相談者の自己概念の成長を促すために働きかけることです。自己概念の成長の前には、ありのままのじぶんを認めないといけないはずです。でも社会に適応させることを成長だと思っている支援者が多いことに疑問があります。「擬態」を強要することになってます。支援者が二次障害を促進しているのではないかって思うんです。「あなたはこれができないから」って認知行動療法とかＳＳＴ

（ソーシャルスキルトレーニング）とかをやらせることは、相談者の否定じゃないでしょうか。「治してやる」っていう態度は、当事者を追いつめているだけです。

まずはじぶんを肯定してほしいです。いっぱいの人に好かれへんでも、誰かが好いてくれる。僕の場合やと、みんなから好かれることがなくても、妻は好いてくれる。じぶんの道を行く人が好きなんです。知らず知らず、じぶんでもそういう人たちを真似てるのかもしれません。

それから、眼に見える成長だけでなく、眼に見えない成長も見ていきたいですね。眼に見える成長っていうのは、ノルマを果たして昇進なんかして、肩書きが変わることです。でもノルマも果たさない、出世もしないけど、チームに貢献したっていう眼に見えない成長もあります。外的キャリアと内的キャリアって言いかえてもいいですね。外的キャリアを求める人にパワハラをする人が多いんですよ。パワハラの原因は、じぶん自身が抑圧を受けていて、白黒思考に染まっている。ほんとうは生きづらいのに、生きづらさを隠して生きていて、それがパワハラになって出てきてしまうんです。

相談では、問題をどう「解決」するかがテーマになりますけど、僕は「そもそもそれは問題なのか」って、よく問いなおすことを提案しています。そしたら、問題が「解決」してないのに、「解消」することが多い。無理をして「擬態」もしないで済むようになります。

究極的には、「支援」という言葉をなくしたいくらいです。支援者は支援者と呼ばれているから上から目線になってしまうんじゃないでしょうか。本来、支援者は多角的な考え方ができるようになって、選択肢をたくさん提案して、あとは本人に選んでもらうだけで良い。そういうフラットな関係で助けあいをしていくのが理想です。

しーやんに関する注釈

本人が認識するとおり、たしかにしーやんには自閉スペクトラム症とADHDの特性がはっきり備わっている。子どもの頃、蝉を一日で百匹以上も捕ったとか、書店で図鑑や全集を正しい順に並べたがったというのは、自閉スペクトラム症の収集癖や整理癖が、発達障害の特性が強い人によく起こる過集中の形で現れていたものと言える。それにしても体が大きいからいじめっ子をむしろ制圧していたという逸話は、いじめられっ子だった経験を持つ多くの発達障害者とは対照的だ。

就職後、面接する相手に会社の短所をはっきり伝えるようにしたというのは、自閉スペクトラム症の歯に衣着《きぬ》せない特性が関わっていそうだし、ミーティングで打ちあわせをしているあいだに先行して先の仕事を終えていたというのは、ADHDの多動性に関わっているだろう。ほかの誰かにできることをやるのが大嫌いというのは、ADHDの冒険志向の反映か。六〇歳で会社を退職して、現在は自助グループ活動にほぼ専念しているというのも、ADHDの冒険好み、あるいはベンチャー精神をよく現している。

しーやんの人柄は、さっぱりしている。イヤなことはさらっと忘れるというけれど、これは本人が分析するようにADHD的な思考の氾濫によって、物忘れが激しいということになるのだろう。人の顔を見分けるのが難しいというのは「相貌失認」や「失顔症」と呼ばれ、自閉スペクトラム症によく併発する。しーやんの場合には、さまざまな発達障害の特性が、人生のなかで必ずしもネガティヴに働いていないのが特徴だ。発達障害は、当事者が困っていなければ診断しないというのが原則なので、診断がおりなかったのは妥当と言える。

定型発達者はかんたんに「擬態」できる人たち、発達障害者は逆にそれが難しい人たちという定義の試みには、はっとさせられる。たしかに、「出る杭は打たれる」ことに納得して「擬態」できる人は定型発達者だろう。それに対して、発達障害者とは「出る杭は打たれる」という状況に困惑して、「擬態」をしなくてはと思いつつも、うまくできなくて混乱している人たちと言える。しーやんがそういう人に慈愛ある眼差しを向けつつ、マンガやバンク音楽に関わる人々の自由な精神に理想を見出したということに励まされる。

人間にはみな発達上の特性としての「発達特性」があり、環境――実質的には他者――からの抑圧によって生きづらさとしての発達障害が発症するという説明モデルは、しーやんがいつも「いきいきムーン」で披露しているものだ。しーやんは手塚治虫のマンガにことさら偏愛を寄せると語るけれど、たしかに手塚作品ではそんな形で苦しんでいるキャラクターがたくさん登場しているように思う。そのような「同類」に対する愛情を背景として、手塚は希望としてのメタモルフォーゼへの憧れを創作のなかで紡ぎつづけた作家だった、ということになるのかもしれない。

しーやんは支援者として支援者批判に熱心だ。当事者に対して支援する側の論理を敷いて、モチベーションを無理にあげようとしても、抑圧になることが多いというのは、まさにそのとおりだろう。私も認知行動療法やSST（ソーシャルスキルトレーニング）に強い反発を抱いたことがあるので、それらが「相談者の否定」になりうるというしーやんの考え方に共感する。インディーズ音楽で活動するミュージシャンたちのように何も忖度しないで良い、誰からも好かれるような人でなくても、たいせつな少しの人に好かれたら良いという考え方にも共感を覚える。

ブレスレットを見ながら、『西遊記』のことを考えているというのは意外だけれど、自閉スペクトラム症ならではの謎の「こだわり」が絡んでいるようで、おもしろい。ぜひこれからも、当事者たちの問題を対等な立場から、「解決」でなく「解消」するために活動を続けてほしいものだ。

第11章

周囲とひたすら戦っていた。どうして明文化されていないものに合わせないといけないのって思って。

――まごっとさんへのインタビュー

ギリシア神話が好きなのは小学生のときから変わらず

私は六〇代後半の女性で、自閉スペクトラム症を診断されています。東京都区部に入る地域の、下町と言われるあたりで生まれました。六歳下に弟がいます。

父親に自閉スペクトラム症の傾向があって、「よそはよそ、うちはうち」という方針がはっきりしていました。「ほかの子が持ってるから、私にも買って」なんていう要求は通らない。父は電気店に勤めていましたが、店主と喧嘩をして退職したそうです。そのあとタクシーの運転手をやっていましたが、早めに引退して、年金を前倒しでもらいながら一家で生活していました。母親は父の考えに反対できない人で、主婦として生きていました。ですから、贅沢はできない貧乏な家だったんです。

幼稚園児の頃は、親や先生のことを良く聞く、いわゆる「良い子」でした。それでも集団行動ができなくて、ひとりで本を読んだり、砂遊びをしたりしている。おとなしくって、怖がりで、泣き虫でした。言われたことを文字どおりに受けとる傾向があって、「すなおだね」って言われたときには、その言葉の意味がわからなくて、「砂遊びをしているということ?」と尋ねました。「ここに並びなさい」などの指示にはちゃんと従いましたが、まわりに合わせて行動していたということではなくて、指示を文字どおりに受けとめた結果です。「擬態」

をしようとは思いませんでした。

小学生になっても、おとなしい子でした。勉強は得意でしたが、体育がぜんぜんできなくて、困りました。マラソンでは、先にゴールした子が一緒に走ってくれたことがあるけれど、よけいに惨めで、「あっち行ってくれ」って思って。ペーパーテストでは点が取れたので、5段階評価で1ではなくて2を取れましたけど。休み時間はできるだけ教室で本を読んで、先生から校庭に行きなさいと指示されたときは、校庭に出て隅っこでじっとしていました。クラスメイトの女子たちは大縄跳びなんかをしていたけど、じぶんには跳べなかったんです。逆上がりは最後までできなかったし、いまでもできません。机に向かってできる科目は、課題を出されると懸命にやるまじめな子どもでした。でも手先は器用でないから、図工や家庭科では困る作業もありました。

得意な科目は多かったけど、字がザツだということでよく叱られていましたね。百点なのに、じぶんの名前を書く字がぐちゃぐちゃしている。ていねいに書くことができないわけじゃないんですけど、時間がかかるから、さっさと書いて、問題を解きはじめる。そうすると、字がひどくなってしまう。

区の科学センターでは、六年生を対象に土曜日の午後に特別授業が開かれていて、喜んで参加していました。カエルの解剖とか、ラジオの制作とか高度な内容。いちばんの趣味は読書で、中学年の頃は小学館の「学習図鑑シリーズ」を、全二八冊のうち、かなりの巻数を読みました。高学年になったあとは、「ドリトル先生シリーズ」全一二巻。公共図書館を利用するようになって、置いてある児童書を片っ端から読みました。ギリシア神話に夢中になって、いまでもこれはだいじな趣味のひとつ。

中学校の学力テストは県内1位も、高校は中退

クラスでグループを作らなくてはいけないと、男子と仲間になってしまうんです。「擬態」はしませんでしたし、じぶんの特殊な状況を客観化もできていませんでした。四年生のときにいじめられていた女子を庇《かば》って、ほかの女子にいじめられることがありました。中学は公立で、勉強は変わらず優等生でした。五クラスあって、学年で一番から三番以内。成績が良くて学級委員をやっていたので、いじめられることはなかった。女子グループに入らずに、男子と理科クラブを楽しみました。三年生のときに千葉市に引っ越して、県内の学力テストでは、いつも一〇番以内、一位も一回取って、五教科五〇〇点満点で四九〇点くらいだったんですが、新しい環境では暗黙の了解を無視して、強烈ないじめが始まりました。肉体的な暴力を振るわれる一歩手前くらいの印象です。やはり「擬態」はしませんでした。みんなと

同じようにしようとは考えずに、周囲とひたすら戦っていた。どうして明文化されていないものに合わせないといけないのって思って。

それから、千葉でいちばん偏差値が高い公立高校に通学するようになりました。たまたまそんなに遠くない距離にあったんで歩いて通いました。自転車に乗れない。子どもの頃は乗る練習もしましたが、どんどん転んだほうがいいよって言われて、引っぱられて怖くて、あぁダメだって。授業では国語は古文と漢文が好き。社会は良い先生に当たった地理が好きでした。でも数学と英語は勉強が追いつかなくなって、トップ校のレベルについていけなかった。興味が切れて、わからなくなって絶望して。二年生から欠席が増えて、二学期に不登校になりました。結局、二年生を終われなくて、もう一年やったけど、また不登校になって。無理やり行こうとすると、吐いてしまうくらい。おそらく鬱状態になっていたんですね。結局高校は中退しました。

学校の人間関係で悩んだ、ということではありません。まわりの様子には気づけていませんでした。そもそも、いじめが発生するようなレベルの学校ではない。県の相談センターでカウンセリングを受けて、父の専制に苦しめられてきた場面が多いと気づきました。通信制の高校に転入して、二年間在学しましたが、その間、叔父が運営していた栃木県の逓信《ていしん》保養所に仲居として住みこんで、労働経験を重ねました。役に立たない仲居だったと思いますが、まったく異なる価値観の人たちと交流できたことは、私の人生には大きかったです。発達障害の「擬態」とは異なりますが、「接客業ではこういうふうに振るまうものなんだ」という基礎的な対人関係術を学べました。お客さんのほうがまちがっていても、「まちがってるぞ」とズバリ指摘してはいけないとか、「こういう場面では笑顔でこういうふうに言うよ」っていう礼儀作法を身につけることができた。実家にいるときとは異なるパターンを獲得して、解放されたんです。

大学の指導教官はキノコの専門家

そういうわけで、人生の最初の頃は、「擬態」ということを考えもしなかったですね。うまくいかないけど、なぜかわからずに困惑していた。通信制高校の三年生の途中で大検を受けて、二年遅れで国立大学に入りました。叔父のところで働いていて、このまま社会に出るのは無理だろうと思ったことが大きいです。生物学を学びたかったけれど、理学部を受験するには高度な数学が必要だったから、入れない。なので教育学部の中学校教員養成課程理科専攻を選びました。そうしたら専門を生物にできます。

大学は家から二駅のところにありましたが、最初の一年だけ家から通いました。でも家から離れたかったから、二年生から下宿を始めました。月に一万円だけ仕送りしてもらって、あとはアルバイトでまかなう。さいわい、国立大学の授業料が格安だった時代。家が貧しいということで、授業料の減免を受けることができました。奨学金も無利子で貸与してもらえました。数学の授業では苦戦しましたが、理科を勉強できて楽しかった。指導教官はキノコの専門家で、私はキノコの胞子の発芽について卒論を書きました。

サークルはSF研究会に入りました。ニューウェーブが流行していましたが、私の趣味はハインラインとかアシモフとか、より古典的なほう。でも筒井康隆も好きでした。入学した年に『スターウォーズ』の第一作が公開されて、二年生のときに最初の『機動戦士ガンダム』が放映されて。マンガの『コブラ』も好きでした。スペースオペラの全盛期ですね。でも、だんだんとSFよりはファンタジーが好きになりました。理科のクラスもSF研も、いま思えば発達障害っぽい人が多かったので、居心地が良かった。アルバイトはしていましたが、まだ「擬態」をしようとは思いませんでした。

臨時採用で中学の理科の先生になることができましたが、寝込むことが増えて、じぶんには無理な仕事なんだと気がつきました。それで大学の指導教官に相談して、新しい就職先の紹介を頼んだんです。まだ大学の先生がそういうことをしてくれる時代だったんですね。長野県にキノコの菌糸を育てて売っている研究所があって、求人中だって言われて、地元を離れることに抵抗がなかったので、すぐに話に乗りました。先方も「来てくれるんですね！」と喜んでいて。そうやって社会人一年目の三月には、つぎの仕事が決まっていました。

自動車がないと働けない状況だったので、車の免許を取りました。運転は苦手ですが、大事故は起こさずにやってきました。研究所での業務内容はキノコの育種です。データをとって、選抜して。農家に行って、困りごとを聴いて、作り方の指導をしたり、顧客向けのペーパーを作ったりと、「知的雑用」の全般を引きうけました。

長野県の環境が気に入って、永住したいと思いました。それには結婚だと考えて、上司にお願いしてお見合いをしました。結婚したのですが、最初の出産が死産だったんです。ずっと働きつづけたかったけれど、じぶんは仕事をしながら出産できる人じゃないんだと思いました。もう一度産もうと決めて、妊娠したら五ヶ月で退社しました。産後は育児に専念です。そのつぎの子どもも妊娠しましたが、生後五ヶ月半で亡くなりました。三人産んで、二番目の子どもだけぶじに育ってくれました。

結婚をしてから始まった私の「擬態」

結婚をして、地域社会や夫の家族などと接触するようになってから、私の「擬態」が始まりました。夫は三人兄弟の末っ子なので、その妻の私は、親戚で集まると、最下層扱い。リーダー役の姑《しゅうとめ》の言うことに従いました。小さい頃から、権威的な存在には従順な傾向があって。上下関係がはっきりしている場所って、私には比較的楽なんです。研究所でもそうでしたけれど、じぶんが「ぜったい違う」と思っていても、上司が「これだ」と決めたら、それが正解。じぶんは下っ端だから、指示に従えばよく、責任を取る必要もない。でも、年に二、三回、夫の実家の家族と旅行する機会があって、帰ってきたら寝込んでましたね。心のスイッチを入れてるあいだは、「普通の人」のフリをやって、まわりから「おとなしいわね」なんて言われて。イベント中は頑張れるけれど、そのあとはスイッチがオフになって、倒れてしまう。

退社してから、数年後に同じ職場に再就職をしました。大学時代からパソコンをいじっていましたが、この頃にパソコン通信をやるようになって、ハンドルネームを「まごっと」にしました。この名前は、トールキンの『指輪物語』の脇役なんです。ウジ虫の名前を名乗りましたが、これは当時のパソコン業界に広まっていた「自己卑下ノリ」だというのが、ひとつ。あと、この『指輪物語』のキャラは「キノコ屋」なんですよ。

三〇代なかばになって、子どもが小学校に上がる年に、研究所を退職しました。子どもが昼過ぎに帰ってくるから、その面倒をみようと思いました。その生活状況でできることを考えて、パソコンの家庭教師を始めました。ちょうどウィンドウズ95が発売されて、パソコンが爆発的に普及しはじめた時期です。企業のコンサルティングをしたり、ウェブサイトの制作をやったり、個人向けでも操作方法を教えたり、トラブルシューティングしたり。「ITなんでも屋」ですね。屋号が「オフィスマゴット」です。

二〇〇〇年代は、市からIT講習を頼まれて関わっていたんですが、NPO法人を立ちあげる人が出てきて、理事を頼まれました。講習の企画、テキスト制作、講師、いろいろやりました。人生でいちばんがんばっていた時期。トップの人が理事長をやめて、私に就任の打診が来ました。じぶんがそういうことをするのはまずいと思ったけれど、「やりたいようにやって良い」と言われて、やるしかないと思いました。でもやっぱり、やることなすこと理事たちから猛反発を喰らって、鬱病になって、辞職してしまいました。理事長として働いたのは一年くらいでしょうか。

鬱で四年通院して、そのあいだにアスペルガー症候群（知的障害のない自閉スペクトラム症にくだされていたかつての診断名）と双極性障害Ⅱ型（鬱と軽躁を交互に繰りかえす精神疾患。現在では双極症Ⅱ型と呼ばれる）と診断されました。鬱が治ったと思ったら躁転していて、「双極」だとわかったんです。診断を受けてから、アサーションと傾聴を学んだことで、コミュニケーションの取り方がずいぶんわかるようになりました。「擬態」の獲得方法だったと言えるかもしれません。パソコン関係の仕事は五〇代まで続けましたが、スマートフォンが普及して、パソコンの需要がガクッと減ったことで、やめました。知識をアップデートしつづけるのもきついなと思っていたから、ちょうど良かった。この一〇年くらいの趣味としては、神話やファンタジーにも関係が深いTRPG（テーブルトーク・ロールプレイングゲーム）を楽しんでいます。

子どもの頃から「擬態」をしていたわけではないから、「擬態」をすることで、じぶんのやっていることのわけがわからなくなる、といったことはありません。でも、じぶんはいったい何者なのか、というのはずっと謎に感じていました。性自認は女性ですが、考え方は男性側なので、ジェンダーの問題なのかなと悩んだり、いやそうじゃないだろうと思ったり。自閉スペクトラム症と診断されて、「ああ、そうだったのか」と謎が解けた感じがしました。

いまでもじぶんの「擬態」はへただなと思っています。そういうことをしたほうが便利だと気づいて、やるようになりましたが、じょうずになれません。

まごっとさんに関する注釈

まごっとさんは自閉スペクトラム症と双極症II型を診断されている。文字どおりに受けとりやすかったという自閉スペクトラム症の特性は、私自身にもそっくり当てはまる。また双極症はADHDの当事者がきわめて罹患しやすく、症状も似ている。ADHDのある私自身も「ついに双極症を罹患したのでは」と不安になる場面が折々あって、双極症の人たちの気持ちは理解しやすい。しかしそれを差しおいても、まごっとさんと私には共通点が多い。年齢は二〇歳ほど離れていて、性別も異なるのに、これだから発達障害はおもしろい。

まごっとさんの父親は電気店に勤めていたという。私自身の父はまず個人経営の電気店の店主になり、のちに電気工事技師に転じた。そのような環境もあって、まごっとさんは小学六年生のときに科学センターの特別授業に通い、生物学を専攻するまでになったのだろう。私も小学校高学年の頃、大阪市立科学館によく通い、鉱石の標本やプラネタリウムに夢中になった。

しかし、私の場合は数学ができなかったことで、中学時代に早くも「文転」してしまった。まごっとさんは私と同じく数学が得意でなかったのに、教育学部の理科教師養成コースに進学することで、キノコの胞子の発芽について卒論を書くことに成功して、就職関係もキノコ関係だったと語る。「まさかそんな手があったとは!」と衝撃を受けた。私も同じ手口を使って、シダ植物の胞子の発芽について卒論を書き、シダ植物に関わる仕事に従事したかった。

まごっとさんは、小さい頃からおとなの言うことを聞く「いい子」で、権威的な存在には従順な傾向があり、上下関係がはっきりしている場所では指示に従い、責任を取る必要がないから気楽だと感じていたという。自閉スペクトラム症者は明示的なルールを好む傾向があるから、たしかにある種の当事者は序列関係を守ることに熱心だ。この点に関しては、私はまごっとさんとまったく異なっていて、「じぶんのほうが立場が上だ」という態度を見せる人間に関しては、それが先輩や恩師や上司であっても、打倒し排除すべき敵と考えてきた。おそらく冒険心にあふれるADHDの特性が関係しているのだろう。

まごっとさんは深刻な不器用かつ運動音痴でもある。深刻な不器用と運動音痴は、発達性協調運動症に属し、前者は微細運動の障害、後者は粗大運動の障害と呼ばれる。まごっとさんは字がザツでよく叱られたと言うことだが、これはジガさんや私に共通している。校庭に遊びに出ても隅っこでじっとしていて、クラスメイトの女子たちが楽しんでいた大縄跳びを跳べなかった、マラソンでも惨めな思いをしたと語っていたけれど、私とほとんど同じだ。ドッジボールや竹馬をやらなくてすむようにできないかと苦悩し、ミニマラソン大会では学年最下位だった。足の速いクラスメイトが途中までつきあってくれるふりをしつつ、途中からさっと抜けて颯爽《さっそう》と先に駆けていくのを恨めしく見つめたことを覚えている。

それにしても、私は自転車に乗ることはできる。最初はもちろん苦労したけれど、乗れるか乗れないかで生活上の便利不便が大きく変わるため、特訓に励んだ。いまではなんの苦労もなく運転できる。だから自転車に乗れないまごっとさんは、私を超える運動音痴の可能性がある。それなのに自動車は運転できると語る。私はふだん歩いていても、あちこちによくぶつかるため、最初から自動車の運転免許を取得しようとしなかったのだけれど、まごっとさんでも運転できるんなら、もしかすると私も挑戦してみて良かったかもしれない。もっともいまの生活で、免許が必要な場面はほとんどないのだけど。

まごっとさんが、中学時代は県下有数の秀才、過激ないじめ体験を経て、高校では鬱状態になって中退、通信制の高校に転入して、叔父のもとでの仲居の仕事をこなし、大学の卒業後は中学の教師になるも、また鬱状態。三人の子どもをおなかに宿して、育ったのはひとりだけというように、波瀾万丈《はらんばんじょう》の人生を歩んできたことに、尊敬の念を覚えざるを得ない。古典的なSFが好きな点も私と同じだ。まごっとさんは神話も愛好するが、私の博士論文のテーマは、まさしく神話に関するものだった。大学時代にオタク時代の始まりに直面したことにも、その二〇年後にオタク第三世代として大学生活を謳歌した私は親近感を覚える。

まごっとさんと私とで大きく異なる点のひとつは、まごっとさんがプロ級のパソコン技術を持っていることだ。私はパソコンに関する詳しい知識をほとんど身につけられないできたから、純粋にうらやましく感じる。それにしても「まごっと」の由来が『指輪物語』で、「キノコ屋」の蛆虫《うじ》に由来するとは驚いた。「なぜこの人はじぶんを『蛆虫』と名乗っているのか？　自閉スペクトラム症のこだわりが過ぎないか？」と疑問に思ってきたけれど、今回のインタビューでついに謎が解けた。私もシダ植物が好きだから、ワラビ礼賛を書いていたアイルランドの作家、シェイマス・ヒーニーにあやかって、活動名を「シェイマス」にしようかな、なんて想像をめぐらせてしまう。

まごっとさんは長らく「擬態」をしなかった。明示的な序列関係にはやすやすと従うのとちょうど逆に、明文化されないルールには頑強に抵抗した。仲居としての社会人経験を積んだことで、従業員としての振るまいを身につけられたこともあって、「擬態」の必要を持たない場面が多くなったのだろう。ここには、「どうすれば『擬態』せずに健康に生きていけるか」という問題へのひとつの大きなヒントがありそうだ。その振るまいを得たことで、抑圧だった実家からも解放されたと語っていたから、なおさら「発達障害者なりの社会性の獲得」の重要さは注目されて良い。

それでも、結婚後はついに夫家族との交流にあたって、「擬態」せざるを得ない場面が出てきた。無理をして適切そうなキャラを演じ、一族のイベントから解放されるや疲労から寝込んでしまう。ここには、女性だからこその困難もあるのだろう。おそらく女性の発達障害者は、やはり男性の当事者よりも「擬態」を迫られる場面が多いように感じる。そのような「擬態」の強制から、どのようにすれば解放されるのだろうか。ぜひとも読者のみなさんも考えてみてほしい。

おわりに

筆者は本書の企画書に、つぎのような文章を記した。

擬態／カモフラージュとは、周囲に合わせるためにじぶんの魂を殺害しつづける行為である。

「魂を殺害しつづける」。これ以上強烈な表現は、なかなかないだろう。私は真剣に、そのくらい発達障害者としての「擬態」に心を砕き、まさにそれによって人間としての心が粉砕されてきた人生を体験しているのだと感じてきた。

実際にインタビューを経ていくと、意外なほど冷静で穏当な「擬態」についての見解にあいついで出くわした。日常的に「擬態」に努め、失敗を重ね、それでもまた「擬態」を試みる。あるいは「擬態」なんてしていないと思いつつも、対応能力の優秀さゆえに、「擬態」しているように見られてしまう。その全体像をそれぞれのインタビュイーに、総体として振りかえっていただいた。当事者の「生きた声」と「発達障害者の内側から見た体験世界」をリアルに世間に伝える本として本書が広く受容されることを願う。

インタビューに選んだ人たちは、ふだん交流していて、うまく「擬態」できていると判断した人たちがほとんどだった。話を聞いてみると、「擬態」をできているか否かに対する自己評価はさまざまだったけれど、学力的に水準の高い人たちがずらっと並ぶことになった。過去の企画で、いまもがき苦しんでいる最中だと感じている人たちにインタビューを試みたことが何度もあったけれど、人生の暗いトンネルをまだ抜けていないと、肝心なことを話してくれなかったり、原稿ができたあとで企画を降りると連絡してきたことがあったりする。すでにそれなりに安定している人たちでないとインタビュイーとして難しいと判断して進めていくと、結果的に学歴の高い人を選びつづける次第となった。できればいつか機会を改めて、学歴などがほとんどない人たちの「擬態」について考える本も出せれば良いと思う。「擬態」に関して、またぜんぜん違ったイメージが立ち上がってきそうな気がする。

本書のインタビュー部分の作り方だが、(一)筆者が担当編集者の深澤さん同席のもとでインタビューを実施し、(二)本人の語り口などを生かしつつ原稿を成形し、(三)インタビュイーによる加筆訂正を依頼し、(四)その原稿を筆者が改めて整理して完成、という手順を取っている。本書に彼ら・彼女らの声の質感がいくらかなりとも定着されていれば、うれしい限りだ。

筆者は発達障害の当事者として、「当事者研究」に打ちこんできた。「当事者研究」とは、疾患や障害の主体（当事者）が抱えこんだ「苦労」について仲間と共同研究をするという取りくみだ。最近の二〇年近くで「当事者」という言葉は日本の福祉の領域で広範に流布したものの、小松理虔さんは当事者か当事者でないかという分断が起きているため、当事者でなくてもじぶんごととして向きあう「共事者」という存在が必要だと語る（小松 2021: 180–181）。筆者はまったく同意する。本書は筆者がインタビュイーたちの共事者として、彼らの人生を覗きこもうとする試みと言って良いかもしれない。その意味で本書は当事者研究と共事者研究の両方の性質を持っている。

本書は担当編集者の深澤さんと作った二冊目の書物だ。気に入ってくださったら、私たちのコンビネーションがうまくいったと見てほしい。インタビュイーのみなさん、装丁を手掛けてくれた佐々木俊さん、そして読者の皆さんに感謝を込めて。

二〇二三年一二月

横道 誠

文献（引用または参照を指示したものに限る）

小松理虔（2021）『地方を生きる』筑摩書房

高野秀行「ＡＳＤはＳＦ的、ＡＤＨＤは落語的。」『精神看護』２０２１年９月号、462～467頁

バーギエラ、サラ（2023）『カモフラージュ――自閉症女性の知られざる生活』、ソフィー・スタンディング（絵）、田宮裕子／田宮聡（訳）、明石書店

American Psychiatric Association（編）（2014）『DSM-5　精神疾患の診断・統計マニュアル』、日本精神神経学会（日本語版用語監修）、髙橋三郎／大野裕（監訳）、医学書院　＊典拠表示はＡＰＡ

American Psychiatric Association（編）（2023）『DSM-5-TR　精神疾患の診断・統計マニュアル』、日本精神神経学会（日本語版用語監修）、髙橋三郎／大野裕（監訳）、医学書院

Fombonne, Eric（2020）, "Editorial: Camouflage and autism," *Journal of Child Psychology and Psychiatry* 61（7）, pp. 735–738

Wing, Lorna（1981）, "Asperger's Syndrome: A Clinical Account," *Psychological Medicine*. Vol. 11（1）, pp. 115–129

横道 誠（よこみち・まこと）
京都府立大学文学部准教授。1979年生まれ。大阪市出身。文学博士（京都大学）。専門は文学・当事者研究。単著に『みんな水の中──「発達障害」自助グループの文学研究者はどんな世界に棲んでいるか』（医学書院）、『唯が行く！──当事者研究とオープンダイアローグ奮闘記』（金剛出版）、『イスタンブールで青に溺れる──発達障害者の世界周遊記』（文藝春秋）、『発達界隈通信──ぼくたちは障害と脳の多様性を生きてます』（教育評論社）、『ある大学教員の日常と非日常──障害者モード、コロナ禍、ウクライナ侵攻』（晶文社）、『ひとつにならない──発達障害者がセックスについて語ること』（イースト・プレス）、『解離と嗜癖──孤独な発達障害者の日本紀行』（教育評論社）、『グリム兄弟とその学問的後継者たち──神話に魂を奪われて』（ミネルヴァ書房）、『村上春樹研究──サンプリング、翻訳、アダプテーション、批評、研究の世界文学』（文学通信）が、共著に『当事者対決！ 心と体でケンカする』（世界思想社）、『海球小説──次世代の発達障害論』（ミネルヴァ書房）、編著に『みんなの宗教2世問題』（晶文社）、『信仰から解放されない子どもたち──#宗教2世に信教の自由を』（明石書店）がある。

発達障害者は〈擬態〉する
──抑圧と生存戦略のカモフラージュ

2024年１月30日　初版第１刷発行
2024年５月25日　初版第２刷発行

著　者　横　道　　誠
発行者　大　江　道　雅
発行所　株式会社　明石書店
〒101-0021　東京都千代田区外神田 6-9-5
電　話　03（5818）1171
ＦＡＸ　03（5818）1174
振　替　00100-7-24505
https://www.akashi.co.jp/

装丁　佐々木俊
印刷・製本　モリモト印刷株式会社

（定価はカバーに表示してあります）　ISBN978-4-7503-5702-7

信仰から解放されない子どもたち

#宗教2世に信教の自由を

横道 誠［編著］

◎四六判／並製／264頁　◎1,800円

統一教会、オウム真理教、天理教、エホバの証人、創価学会……。宗教2世の当事者たちはどういう世界を生きて、今なお生きづらさをかかえているのか。本書は自ら声をあげはじめた当事者と、宗教問題・子どもの権利問題に第一線で関わってきた専門家が「宗教2世問題」の争点と必要な支援のあり方について考える。

《内容構成》

序　章　永遠の地獄だと思いながら日々を生きていた。人生の早い段階で、何度も「永遠」を感じたことは、私の人生観を特殊なものにした。

第Ⅰ部　談話：宗教2世が宗教2世を支援する

第一章　自分がこう感じているとか、ほんとうはこうしたいとか、これがやりたい、これが好きだとかを徹底的に否定されながら育つんです。

第二章　私の人生は、悔しさと怒りで突っ走ってきたようなもので。絶対成功してやろうと、それだけを思って生きてきました。

第三章　親も被害者であり、子どもも被害者であると思います。

第四章　弟の葬式が終わってから、すぐ家を出ました。この家にいたらやばいなと。もう一秒たりともいられないと思ったんです。

第五章　「なんで怒っちゃいけないと思っているの？」と尋ねられたときに、「あ、私のなかにまだ宗教の教えが残っているんだ」という衝撃がありました。

第Ⅱ部　対談：各分野のプロフェッショナルはどう考えるか

第六章　宗教2世問題をいかに世間、社会、支援者に知ってもらうか

第七章　子どもの権利の観点から、子どもの信仰の自由をどう保障していくのか

第八章　カルト問題の知識はじつは必須じゃないんですよね

第九章　「宗教2世」問題が、多文化共生、多文化理解の文脈につながっていくということは非常に重要だと思っています

終　章　支援について考える

〈価格は本体価格です〉

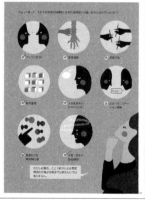

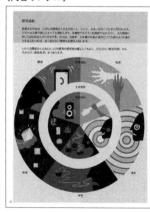